AF555811

[illegible]

[illegible] Hallstattiens

[illegible] Ioniens, Attiques,

Phrygiens, Etrusques, Gaulois

et Romains.

PAR

LÉON COUTIL

Correspondant du Ministère de l'Instruction publique
Ancien Président de la Société préhistorique française
et du Congrès préhistorique de France.

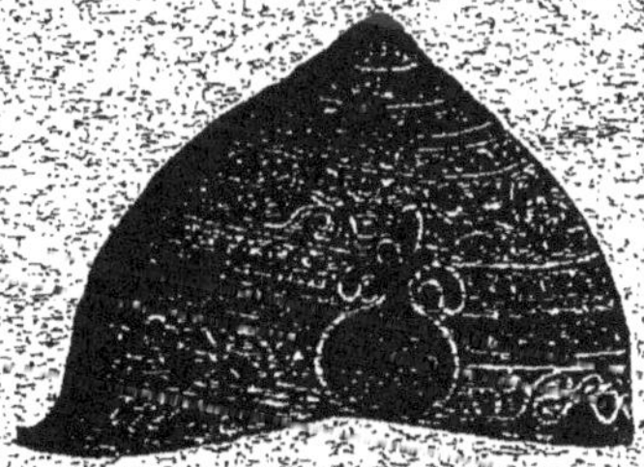

AMFREVILLE-SOUS-LES-MONTS (EURE)

LE MANS
IMPRIMERIE MONNOYER
12, PLACE DES JACOBINS, 12

1915

CASQUES ANTIQUES

Proto-Etrusques, Hallstattiens
Illyriens, Corinthiens, Ioniens, Attiques
Phrygiens, Étrusques, Gaulois
et Romains.

PAR

LÉON COUTIL

Correspondant du Ministère de l'Instruction publique
Ancien Président de la Société préhistorique française
et du Congrès préhistorique de France.

AMFREVILLE-SOUS-LES-MONTS (EURE)

LE MANS
IMPRIMERIE MONNOYER
12, PLACE DES JACOBINS, 12

1915

AU GÉNÉRAL DE VILLARET

COMMANDANT LE 7e CORPS D'ARMÉE

A SON ÉMINENT COLLÈGUE

DE LA SOCIÉTÉ PRÉHISTORIQUE FRANÇAISE

Hommage respectueux.

CASQUES ANTIQUES

Proto-Etrusques, Mycéniens, Illyriens, Grecs, Gaulois et Romains.

PAR

L. COUTIL.

Les formes les plus anciennes connues pour désigner la coiffure de guerre, le casque, sont en latin *cassis*, le casque métallique et GALEA, le casque en cuir; en grec κυνῆ (*cunè*), coiffure en peau de chien ou toute coiffure en peau. Les fabricants de casques s'appelaient *cassidarii* et chez les Grecs, ils portaient le nom de κρανοποιοι (*cranopoïoi*).

Les coiffures antiques sont parfois composées de peaux; Hercule est couvert de la peau du lion de Némée; le Jupiter des Celtes, d'une peau de loup. Plus tard, certains casques métalliques rappellent ces primitives coiffures composées d'une peau d'animal, dont la tête recouvre le casque. Suivant M. S. Reinach, auquel nous empruntons les lignes suivantes sur les auteurs classiques (1):

« Pline parle de casques fabriqués en peau d'hippopotame, qui étaient impénétrables aux traits. Le bronze servit d'abord à consolider le couvre-chef de cuir ou treillis, et à former une armure complète de tête. Une inscription Attique, contenant les comptes des trésoriers d'Athènes, vers 320 avant J.-C., mentionne des casques de cuir de bœuf, rehaussés de bronze. Hésiode cite le premier un casque de fer, dont l'usage ne paraît avoir commencé à Rome que sous Camille (390 avant J.-C.).

Un inventaire de Delos mentionne un casque en fer doré. A l'époque impériale, les casques romains sont souvent en bronze et en fer. Les fouilles du Bosphore Cimmérien ont donné des casques en fer argenté, plaqués d'argent et dorés; cette région a donné le casque d'or en forme de cône du tumulus d'Ak-Bouroun, sorte de tiare basse. Xénophon parle d'un casque d'or orné d'un panache de couleur.

En Assyrie, au IXe siècle avant J.-C., à Nimroud, des guerriers portaient un bonnet conique, sans paragnathnides (sans garde-joues). Au VIIIe et au VIIe siècle, à Korsabad et à Koujoundjick, apparaissent des couvre-oreilles, et des casques hémisphériques munis d'une aigrette; on en a trouvé à Chypre et à Olympie : les seuls casques assyriens connus, sont ceux du British museum de Londres (conique), et celui du musée de Constantinople, à sommet terminé par une tige.

(1) Daremberg, Saglio et Pottier. — Dictionnaire des Antiquités grecques et romaines ; article *Galea*, par M. S. Reinach, T. I, p. 1430.

De très anciennes terres cuites de Chypre montrent que les formes Assyriennes et Grecques étaient employées à la même époque. On a également fait des rapprochements entre les casques Hétéens et Mycéniens. Hérodote a décrit l'armement des troupes de Xercès; il dit que les Perses et les Mèdes portaient des *tiares*; les Cissiens des *mitres*; les Assyriens des *casques de bronze tressés*; les Saces des *cidaris* ou *cyrbasies droites* se terminant en pointe (sorte de turban élevé); les Ethiopiens d'Asie *une tête de cheval*, dont les oreilles étaient dressées et dont la crinière formait panache; les Paphlagoniens des *casques tressés*; les Mysiens des casques... à la mode du pays? les Thraces *une peau de renard*; les Bithyniens des *casques de bronze avec cimier, munis d'oreilles et de cornes de bœuf*; les Milyens des *casques de cuir*; les Mosques et les Colques des *casques de bois*; les Mares des *casques tressés*; les cavaliers Perses des *armures de têtes martelées en fer ou en bronze*; les matelots Grecs des *casques analogues à ceux des Grecs*; les matelots Egyptiens *des casques de mailles*; les matelots Ciliciens des casques ...à la mode du pays (?) ». — Cet exposé suffit à montrer qu'au début du ve siècle le casque métallique était peu répandu, sauf dans les régions directement en rapport avec les Grecs (*Fig.* 1).

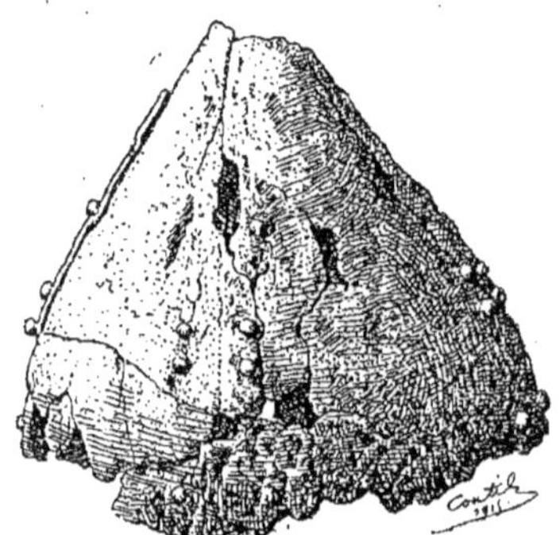

Fig. 1. — Casque Assyrien, du British Museum de Londres.

Pour M. Reichel, le casque homérique était un bonnet de cuir, et rarement en métal, couvrant la partie supérieure de la tête et limité dans sa partie inférieure par une bande de métal; une courroie, quelquefois plaquée de bronze, servait de jugulaire; le casque portait un panache ou des cornes : il était parfois orné de phalères. Ce casque n'avait pas de visière, de jugulaire, ni de nasal, puisqu'Homère décrit des blessures faites sur le nez, les tempes, les joues et les oreilles; il cite ordinairement des casques de cuir, et quatre fois seulement des casques de bronze.

Les Egyptiens ne paraissent pas avoir connu les casques de bronze avant 650 avant J.-C. Hérodote cite Psammétique et les onze rois pourvus chacun d'un casque d'airain; mais lorsqu'il énumère l'armée de Xercès, il mentionne les contingents Egyptiens comme coiffé de bonnets de mailles.

I. — Casques proto-Etrusques, unis et à valves rivées. (1000 à 800 avant J.-C.).

La chronologie des casques est difficile à établir, c'est ainsi que nous sommes amené à décrire tout d'abord un groupe presque contemporain d'un autre groupe, que nous mentionnerons après : nous commencerons par les casques à deux valves rivées, parce qu'ils ont été trouvés avec des fibules à collerettes et des épées de bronze, dont le pommeau porte des antennes en spirale, ils sont forcément un peu plus anciens que les Casques Hallstattiens, Mycéniens, et Illyriens que nous décrirons plus loin, que l'on classe entre les IXe et VIIIe siècles (la *tomba del Duce* étant de cette époque).

I. — *Casques à calotte unie du type de Bernières-d'Ailly* (Calvados). — 1° *Neuf casques ont été trouvés en 1832, à Bernières-d'Ailly (Calvados)*, enfilés trois par trois, les uns dans les autres, et placés en triangle; ils sont formés de deux feuilles minces estampées sur un calibre ou repoussées au marteau; une des deux valves est repliée vers le sommet, et rivée sur la bordure.: certains de ces casques sont munis de crêtes coniques, ils portent en outre des appendices latéraux destinés à fixer des motifs de décoration (6 casques sont au Musée de Falaise, nous en donnons la reproduction). La moyenne des diamètres antéro-postérieurs varie entre 0m260 et 0m283; les diamètres transverses, entre 0m120 et 0m165; les casques du Musée de Falaise mesurent 0m21 sur 0m17, et comme hauteur de 0m20 à 0m28 : ces casques ont donc appartenu à des dolichocéphales (Planche A).

2° Casque trouvé *dans le Rhin, à l'embouchure du Mein (Musée de Mayence)*; il porte une légère arête latérale, un sommet pointu, orné de trois nervures en relief sur la base, au niveau des rivets; diamètre antéro-postérieur 0m21, diamètre transverse 0m175 : un facsimile se trouve au Musée de Saint-Germain-en-Laye (Pl. B).

3° et 4° Casque semblable de *Posen*, et un autre trouvé *dans l'Inn* (Musée de Munich); ces casques sont indiqués dans Demmin (Pl. B) (1).

5° Casque d'*Auxonne (Musée de Saint-Germain-en-Laye)*; le sommet de la crête moins pointu, sans nervures latérales, avec deux rivets peu saillants sur le bord, en avant et en arrière; diamètre antéro-postérieur 0m20, diamètre transverse 0m175 (Pl. B).

6° Casque de *Pockinger Haide, près Indling (Basse Bavière)*, au musée Bavarois de Munich; même forme que le précédent; il est muni de deux rivets plus proéminents, en avant et en arrière (Pl. B).

(1) DEMMIN. — *Guide des Amateurs d'armes et d'armures*. Amiens, 1869, p. 149.

PLANCHE A.

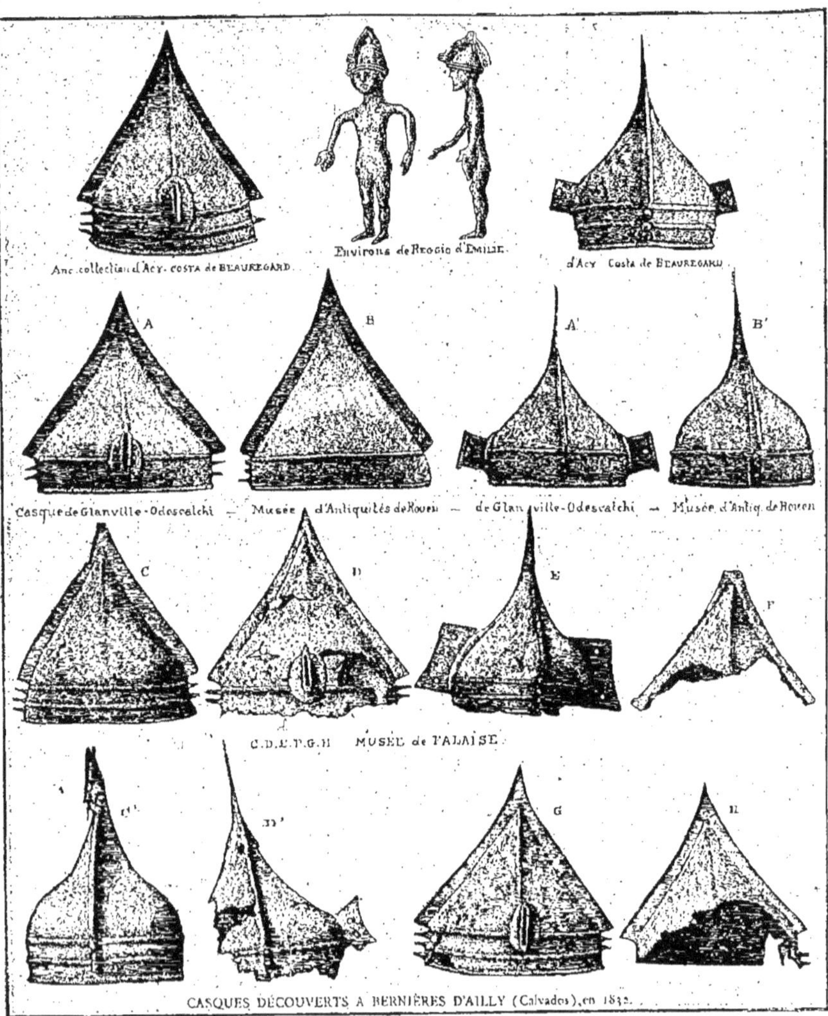

CASQUES DÉCOUVERTS A BERNIÈRES D'AILLY (Calvados), en 1832.

PLANCHE B.

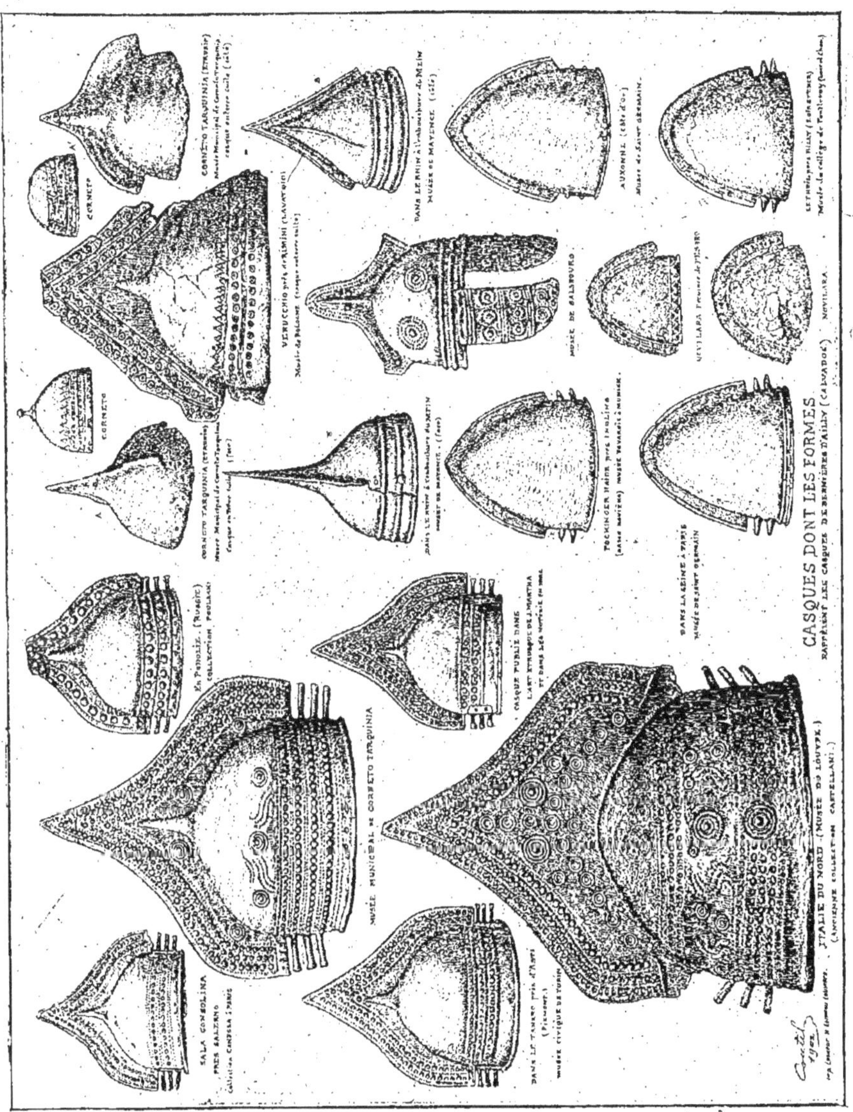
CASQUES DONT LES FORMES
RAPPELENT LES CASQUES DE BERNIÈRES D'AILLY (CALVADOS)
SALA CONSOLINA
PRES SALERNO
En Podolie. (Russie)
COLLECTION POULASKI
CORNETO
CORNETO TARQUINIA (Etrurie)
VERUCCHIO près de RIMINI (LAVATOIO)
MUSÉE MUNICIPAL DE CORNETO TARQUINIA
DANS LE RHIN à l'embouchure du MEIN
MUSÉE DE MAYENCE (côté)
DANS LE TANARO près d'ASTI
(Piemont.)
CASQUE PUBLIÉ DANS
MUSÉE DE SALSBOURG
POCKINGER HAIDE près INDLING
AUXONNE (Côte d'Or)
Musée de SAINT GERMAIN
DANS LA SEINE À PARIS
MUSÉE DE SAINT GERMAIN
NOVILARA
ITALIE DU NORD (MUSÉE DU LOUVRE.)
(ANCIENNE COLLECTION CASTELLANI.)
Coutil
1902

7° Casque du *Theil, près Billy (Loir-et-Cher)*. Musée du collège de Pontlevoy ; à calotte et crête arrondie, il est muni de deux rivets saillants en avant et en arrière; avec ce casque se trouvait une ceinture à pendeloques, une hache à ailerons et un fragment de moule pour une hache analogue, ressemblant à celles de Larnaud (Pl. B).

8° Casque trouvé *dans la Seine, à Paris*; acquis par Forgeais, vendu à Napoléon III, qui l'offrit au musée de Saint-Germain-en-Laye; deux gros rivets saillants, deux petites nervures parallèles sur le bord; diamètre antero-postérieur 0m225, diamètre transverse 0m175 (Pl. B).

9° Casque de *Piquigny (Somme)*, trouvé avec une épée à antennes de bronze (détail très important), en l'an VII, au pied de la côte Sud, à 3 mètres de profondeur, dans la tourbe, à côté de squelettes couchés dans un bateau naufragé; le squelette qui avait l'épée possédait aussi un casque, qui fut vendu à un chaudronnier et fondu (1).

Nous regrettons de ne pouvoir préciser la forme de ce casque de l'Age du bronze, mais il est nécessaire d'attirer l'attention sur la présence à côté d'une épée de bronze à enroulements, comme celles qui accompagnaient le casque de Corneto que nous décrivons ci-après.

II. — Casques en bronze avec calotte et crête ornées de points, de perles, de cercles concentriques, et d'oiseaux à peine indiqués; de 2, 3 ou 4 rangs de grosses perles parallèles en relief sur la base.

Le Professeur Milani (de Florence) suppose que ces casques seraient d'origine Hetéenne ou Hittite (2). Ces casques peuvent être placés de la fin du xe jusqu'au début du viiie siècle (1000 à 800 avant J.-C.).

Les trois rivets placés à la base de ces casques diffèrent des précédents, qui sont des cônes très allongés; la calotte est arrondie et surmontée d'une pointe; la crête est très accusée et large, du type de Corneto; cette forme a été aussi trouvée à titre unique en Autriche et en Russie méridionale.

Casques de *Corneto*. — Les tombes de Corneto ont donné une série de cinq casques en bronze, et quatorze casques symboliques en terre cuite; nous citerons tout particulièrement une sépulture découverte en 1882; elle renfermait un casque surmonté d'un cimier

(1) Mongez. — *Mémoires de l'Institut; littérature et beaux arts* (Fructidor an XII); et abbé Breuil. *L'âge du bronze dans le bassin de Paris* (épée n° 65).

(2) Milani. — *Italici ed Etruschi*, pl. II, pl. III et IV.

très large, ogival, et orné de deux rangs de perles estampées, ainsi que la calotte; en avant et en arrière se trouvent trois longs rivets différant des rivets précédents (*Fig.* 2).

Avec ce casque se trouvait une épée de bronze de 0m65, à poignée rapportée et à antennes repliées, comme celle trouvée à Hallstatt, et

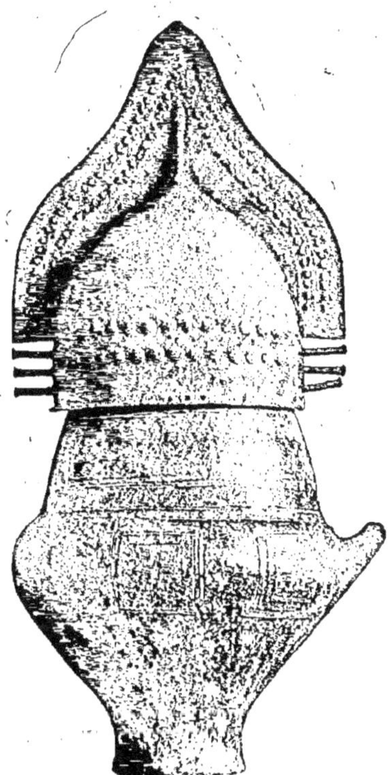

Fig. 2. — Urne cinéraire trouvée à Corneto, surmontée d'un casque en bronze (Musée de Florence).

semblable à celle de la trouvaille de Bologne, ce qui précise bien que ces casques sont de la fin de l'Age du Bronze et du début de la civilisation de Hallstatt; la cachette de Vénat (Charente), et d'autres localités ont donné de ces épées. Nous rappellerons aussi qu'un casque accompagné d'une épée de bronze a été trouvé à Piquigny (Somme).

(1) Von Saken. — *Hallstatt.* Pl. V, *Fig.* 10.

Le Musée de *Corneto* (ancienne *Tarquinies*) possède trois casques de bronze (Pl. B et *Fig.* 3) ; deux sont à crête plus ou moins aiguë,

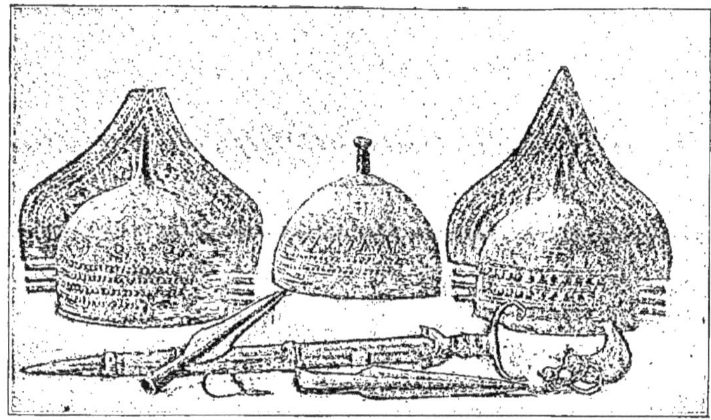

Fig. 3. — Casques de Corneto (Musée municipal de Corneto).

avec trois ou quatre rangs de points ; l'un porte sur la base deux rangs de grosses perles et deux rangs de points ; l'autre quatre rangs

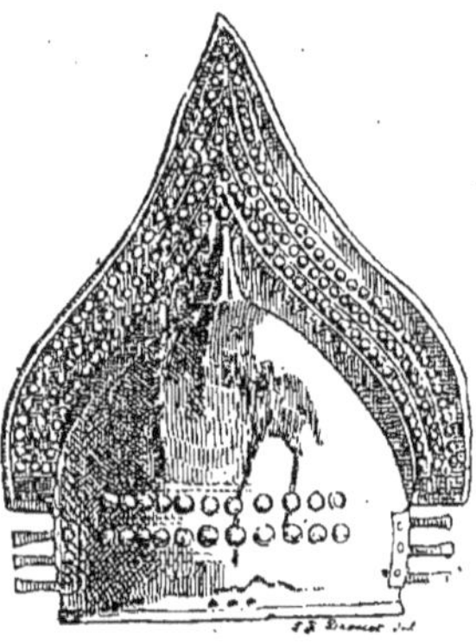

Fig. 4. — Casque de Corneto (Musée de Corneto).

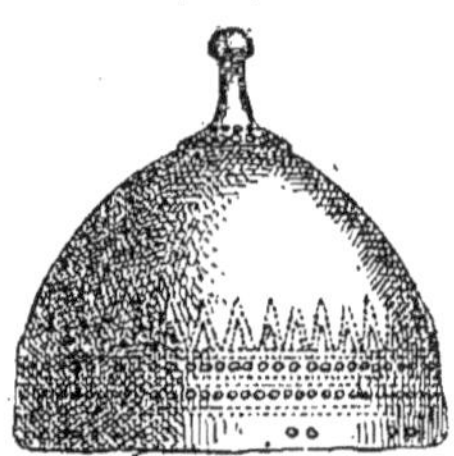

Fig. 5. — Casque hémisphérique de Corneto (Musée de Corneto).

de points et des rosaces au-dessus (*Fig.* 3). A ce Musée existe aussi un casque hémisphèrique surmonté d'une tige à boule (*Fig.* 3 et 5).

La sépulture de Corneto contenait, outre cette épée, une grande lance avec sa bouterolle, une tasse avec anse de forme Hallstattienne, un trépied avec plateau dont le pourtour était orné d'anneaux et de deux petits récipients ; enfin, une grande fibule d'une forme origi-

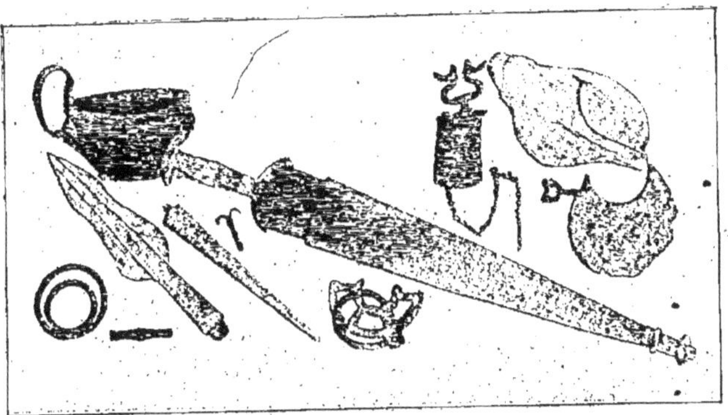

Fig. 6. — Objets découverts avec le casque ci-contre, dans le tumulus du Pendu de la tombe du Corybante, à Corneto (Musée de Florence).

nale, avec large plaque ornée d'un swastika, d'une sorte de croix, d'un bâtonnet transversal et d'un arc muni d'un ressort : cette fibule ne peut être que de la période proto-Etrusque (1000 à 800 avant J.-C.) (*Fig.* 6) (1).

D'autres sépultures ont donné des casques accompagnées d'épées en fer (2).

Le Musée archéologique de Florence possède des objets analogues trouvés dans les tombes de Corneto, avec des épées de bronze à fourreau également de bronze, mais d'une forme spéciale à la région de la Grande Grèce (*Fig.* 7).

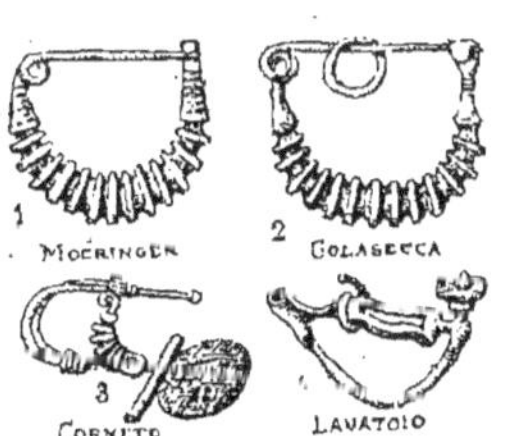

Fig. 7 — Fibule de Corneto et de la fin de l'Age du Bronze.

Casque de la *Nécropole de Fermo, en 1911, province* d'*Ancône* (au Musée d'Ancône) ; un peu plus simple ; il porte deux rangs de per-

(1) Helbig. — *Scavi di Corneto.* Bull. dell' Instituto, 1882, p. 166 ; et Montelius, — La Civilisation primitive en Italie depuis l'introduction des métaux, 1895, I. pl. 276 ; *Fig.* 2. Italie centrale.

(2) Helbig. — *Scavi di Corneto*, p. 175. — Pernier. *Notizie degli scavi.* — 1907, p. 43.

les sur la crête et trois sur la base, avec ses trois trous de chaque côté pour la jugulaire; il y a deux fissures sur les côtés (tombe 8).

Casque de *Capodimonte, lac de Bolsène* (Musée archéologique de Florence), offre le même décor estampé : on remarque, en outre, au-dessus des trois rangs de grosses perles, d'autres grosses perles entourées d'un contour de casque de même forme exécuté au pointillé ; le petit casque du milieu est formé de trois casques con-

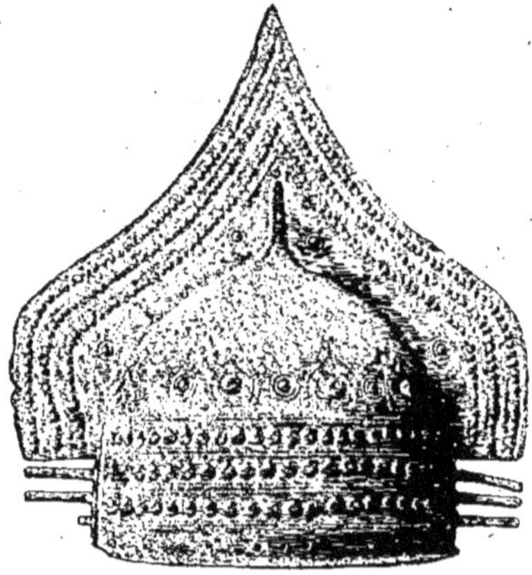

Fig. 8. — Casque de Capodimonte, sur le lac de Bolsène (Musée de Florence).

centriques, tandis que les autres n'ont que deux contours concentriques : chaque face offre quatre de ces reproductions de casques (*Fig.* 8).

Casque de *Sala Consolina, près Salerne*, à 40 kilomètres de Naples (ancienne collection Canessa à Paris) ; avec deux rangs de perles à la bordure et deux rangs de perles au cimier (Pl. B).

Casque trouvé *dans le Tanaro, près d'Asti* (*Piémont*), au Musée civique de Turin ; avec trois rangs de perles à la bordure et deux au cimier. (Pl. B).

Casque trouvé en *Podolie* (*Russie*), *collection Poulaski*, publié dans le Congrès international d'Anthropologie de Moscou (T. II, 1892, p. 348) ; orné d'un rang de perles au cimier et de deux rangs à la base (Pl. B).

Casque provenant de l'*Italie du Nord* (Musée du Louvre à Paris), ancienne collection Castellani, à Rome ; le plus riche par son ornementation, mais très restauré ; le cimier est plus élégant, plus surélevé ; il est orné des deux côtés de trois rangs de perles creuses sur une face, de perles en relief sur l'autre côté, et de toute une série de cercles concentriques : la calotte porte à la base cinq rangs parallèles de perles (trois rangs de grosses et un rang de petites sur les bords); un espace est orné de petits cercles alternant avec des têtes d'oiseau au pointillé, et au-dessus d'une autre zone de trois rangs de perles; au centre, deux grandes rosaces de cercles concentriques (Pl. B).

La Statuette en bronze de Reggio d'Emilie, reproduit un personnage nu coiffé d'un casque analogue à ceux de Corneto (Pl. A).

Casque ? de la cachette de la *Grande Roche, à Boutigny (Seine-et-Oise)*. A. de Mortillet (1) a cité et reproduit deux fragments de bronze repoussé, représentant des points et des rangées de bossettes qui pourraient avoir appartenu à un casque du type de ceux de Corneto; l'ensemble des objets qui l'accompagnaient, haches à ailerons, à douille, lances, épées, bouterolles, couteau sont bien larnaudiens.

Casque de *Narce, près Civita Castellana (province de Rome), trouvé en 1912* par M. Frothingham ; il ressemble à celui de l'*Italie du Nord*, mais il est plus haut et moins orné; ce beau casque doit être actuellement en Amérique, aux Etats-Unis.

Casque de *Salsbourg, dans les gorges de Lueg (Autriche)*, au Musée Charles Auguste à Salzbourg, il est orné au repoussé de trois cercles sur la calotte et de trois raies saillantes à la base ; le cimier arrondi et plus mouvementé est orné de deux rangs de points (type de Hallstatt) (Pl. B).

Casques de *Novilara, 1885, province de Pesaro,* Musée d'Acône ; deux casques à cimier plus ou moins ovale et orné de grosses perles entourées de cercles, avec bord uni ; en assez mauvais état, pas de rivets saillants (même forme) (Pl. B) ; rappelant un peu le casque du Theil, près Billy, trouvé dans la *Seine, à Paris* (Pl. B); ces casques ont été trouvés avec des cistes à très petites nervures.

III. — Casques de bronze à calotte ronde, ou conique, parfois terminée par un bouton.

Trois des Casques en bronze de Corneto sont ovoïdes : l'un terminé par une tige et un bouton orné de lignes au sommet et de trous à la base (comme les casques en terre cuite); l'autre ogival ; enfin le troisième hémisphérique.

Le Musée d'archéologie de Florence possède un casque complètement hémisphérique de Corneto, il porte une ornementation au repoussé très originale et qui doit correspondre à une figure

(1) A. de Mortillet. — *Cachette L'arnaudienne de la Grande Roche à Boutigny* (Seine-et-Oise). — L'Homme préhistorique, 6e année, 1908, N° 4.

humaine dont l'arcade sourcillère est indiquée, les yeux sont formés d'un gros point entouré de cercles concentriques ; le nez moins accusé est indiqué par une ligne horizontale ; et enfin la bouche par des ovales et un point : nous n'insistons pas sur l'hypothèse que nous proposons, car les représentations humaines sont inconnues

Fig. 9. — Casque hémisphérique de Corneto (Musée de Florence),

jusqu'ici à la fin de l'Age du Bronze et au début de l'Age du Fer (*Fig.* 9).

Casque hémisphérique de la *Tourbière de Isco* (Brescia) ; uni, de la collection de M. Ruffoni à Isco.

Casque hémisphérique, du *Musée de Mayence* ; uni, avec deux trous de chaque côté pour les jugulaires.

Casque conique à bouton de *Selsdorf (Mecklenbourg)*, avec trous à la base.

Casques analogues de *Beitsch en Lusace* (*Allemagne*) et de *Hongrie*.

En examinant les différents décors de ces casques, on peut les rapprocher des ornements que l'on retrouve sur des disques ou plaques estampées de la fin de l'Age du Bronze, des cachettes de Déville-lès-Rouen (Seine-Inférieure), Petit-Vilatte (Cher), Vénat (Charente), Larnaud (Jura) ; Moëringen (Suisse) ; Grésine, lac du Bourget, (Musée de Chambéry) ; la cuirasse de Flessinge au Musée de Grenoble ; le vase de la Scanie, le récipient de la Tourbière de Roninge (Fionie), de Siem (Danemark) ; de Hadja Boszormeny (Hongrie) ; d'Orvieto, de Bologne, etc.

Casque hémisphérique de *Nuremberg*, N° 1962, avec deux trous à la base pour les jugulaires, trouvé en 1911 ; on n'indique pas de provenance.

IV. — Casques symboliques en terre cuite.

Civilisation Villanovienne (1er Age du Fer. Tombes de Tarquinies). Outre les casques en métal recouvrant parfois des urnes cinéraires, ornées de dessins géométriques gravés, on a recueilli dans les sépultures proto-Etrusques de Corneto, 14 casques symboliques en terre cuite noire, imitant les casques en métal, et parfois ornés de clous de bronze ou de bandes d'étain.

Le Musée de Corneto possède à lui seul cinq casques symboliques en terre cuite noire, l'un avec cimier conique, nervure médiane et la base munie de trous ; un autre avec cimier moins pointu, sans trous à la base ; deux autres avec bouton central et dessin géométrique ; un hémisphérique ou en forme de calotte.

Le Musée de Florence possède onze casques : trois sont à cimier, plus

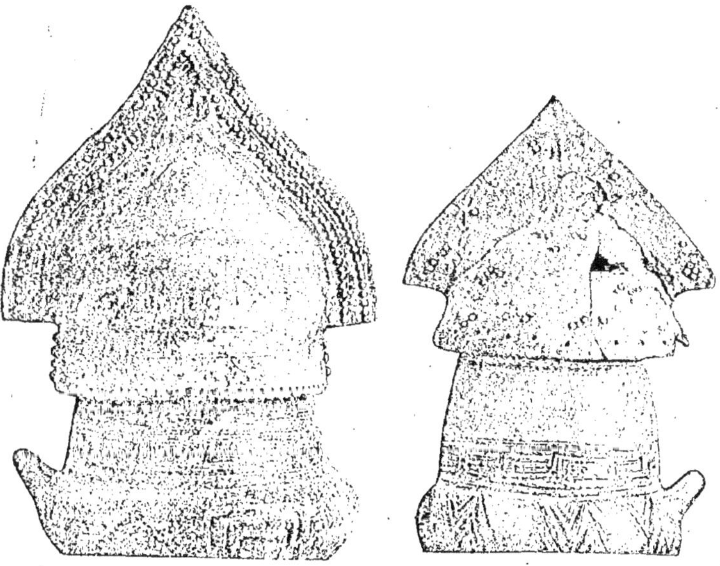

Fig 10. *Fig.* 11.
Casques symboliques ornés de clous de bronze, trouvés à Corneto (Musée de Florence) (civilisation Villanovienne).

ou moins ogival, avec dix trous à la base ; ou avec des clous de bronze au cimier, disposés par trois (*Fig.* 11) ; un casque avec deux rangées de clous au cimier et raies, quatre clous en avant et en arrière pour simuler des pivots ou rivets, ce casque porte des traces de peintures géométriques fixées dans l'intervalle des gravures (*Fig.* 10) ; un quatrième casque, le cimier arrondi (*Fig.* 13) et trois pivots en terre

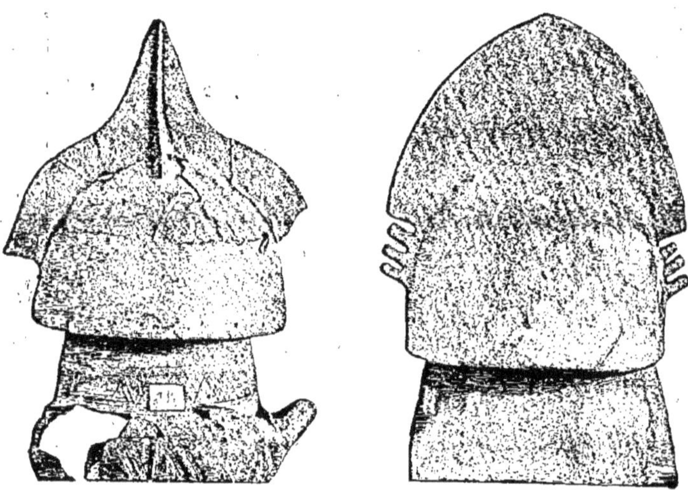

Fig. 12. *Fig.* 13.
Casques symboliques recouvrant des urnes cinéraires, trouvés à Corneto (Musée archéologique de Florence).

cuite à l'avant et à l'arrière ; sept casques sont terminés par un bouton plus ou moins gros, formant cimier (*Fig.* 14 et 15).

Le Musée Kircher à *Rome* possède deux casques en terre cuite : l'un à bouton, l'autre à crête triangulaire (Pl. B), avec des trous à la base.

Casque de *Falerii, province de Rome* (Civita Castellana), offre une calotte très basse, un cimier ogival orné à la partie inférieure de trois crans saillants, comme sur la figurine en bronze de Reggio d'Emilie (et non des pivots).

Casque de *Rivoli*, figuré par Montelius, p. 281.

Casque de *Verucchio Lavatoio, près de Rimini* (Musée de Bologne); à cimier orné de deux rangs de petits cercles et d'une rangée de dents de scie, accompagné d'une fibule à arc, d'une forme assez originale ; l'urne cinéraire sous laquelle se trouvait le casque la range dans une série un peu antérieure aux périodes de Villanova et de Benucci (*Fig.* 16).

Fig. 14. — Urnes cinéraires avec casque en terre cuite, orné de croix et fibules de Corneto (Musée de Florence).

Casque de *Vetulonia*, au Musée archéologique de Florence ; avec un bouton et des bossettes, comme ceux de Corneto.

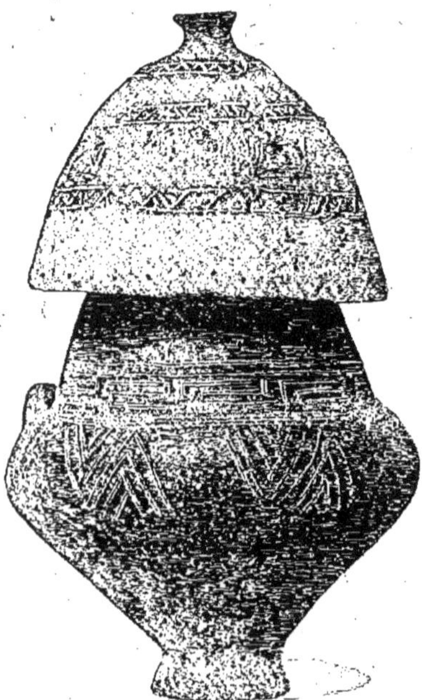

Fig. 15. — Urne cinéraire de Corneto avec un casque formant couvercle, il est orné de dessins formés de bandes d'étain (Musée de Florence).

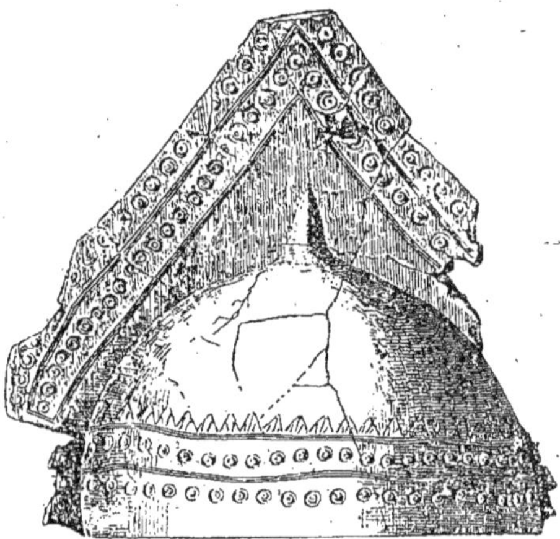

Fig. 16. — Casque de Verruchio Lavatoio (Musée de Bologne).

Casque de *Poggio, près Guardia*, au Musée de Bologne, 1883 ; hémisphérique à bouton au sommet, avec des trous autour de la base.

Casques Mycéniens, Illyriens et Hallstattiens.

La plupart de ces casques sont hémisphériques, d'autres en forme de chapeau arrondi, le prototype semble avoir été copié sur le casque d'Eucratidas, roi de Bactriane ; des crêtes se voient parfois sur ces casques, comme il en existe sur un des casques *d'Olympie*, consacré en 464 avant J.-C. : cette date permet donc de préciser la période certaine de la fabrication de ces casques que l'on a trouvés aussi en Etrurie et dans le Picenum, dans des sépultures du ve siècle ; on retrouve ce casque sur la tête d'une statuette découverte dans le cimetière d'*Idria di Barca*, en Istrie.

I. — Casques à coiffe de cuir ou de bois, avec parties métalliques.

Les casques Mycéniens ne nous sont connus que par une tête en ivoire découverte dans une tombe de la ville basse de Mycènes, 408 avant J.-C. : c'est plutôt une coiffure qu'un casque; la tête est entourée de tiges ondulées et remontantes fixées par des tiges horizontales réunies au sommet en bouton; ces tiges couvrent les joues et le menton. On voit deux autres casques sur un vase d'argent de la quatrième fosse de Mycènes, ils sont coniques; l'un est surmonté d'un panache retombant; l'autre d'un cimier triangulaire comme les casques de Corneto.

Quant aux *casques Illyriens*, nous avons des documents plus précis.

Casques de *San Margarethen* (*Tyrol*). Ces casques ont été trouvés dans un tumulus de cette localité du Tyrol; l'un est resté dans son état primitif, on n'en possède que le disque supérieur et la pointe du haut qui sont en bronze, la calotte de cuir est couverte de perles de bronze; il se trouve au Musée de Laibach.

L'autre casque a été habilement restauré par de Hochstetter (1); il est composé de six larges disques en bronze, placés sur les côtés. Au sommet, un disque plus large est surmonté de deux autres. Le centre

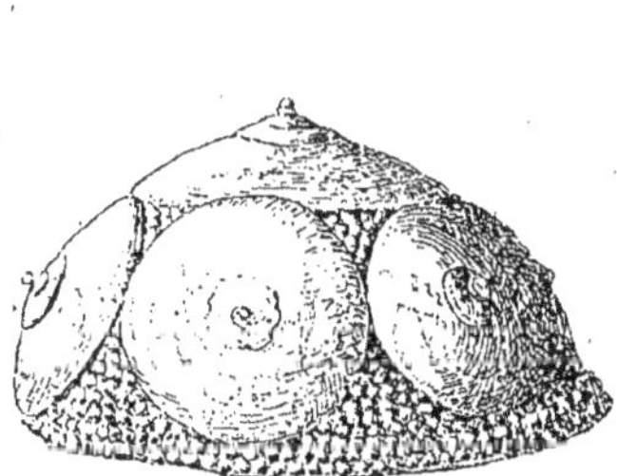

Fig. 17. — *Casque de San Margarethen* (*Musée de Laibach*).

Fig. 18. — *Casque de San Margarethen* [*restauré*] (*Musée de Vienne*).

laisse passer une pointe acérée : ces disques sont placés sur des tiges de noisetier recouvertes de peau. Les intervalles laissés vides par les disques sont garnis de très petits clous à tête hémisphérique, qui

(1) VON FERDINAND. VON HOCHSTETTER. — *Die neuesten Graberfunde von Watsch und San Margarethen und der Culturkreiss der Hallstatter Periode.* Wien, 1883. *Matériaux pour l'hist. primitive de l'homme*, 18e année, 3e Sér. T. I,, 1884, p. 169-170, *Fig.* 110.

traversent la peau, la natte de bois, et dont les pointes viennent se rabattre en dedans. Nous faisons remarquer que cette habile restauration, si elle n'est pas certaine, est tout au moins vraisemblable; elle se trouve au Musée de Vienne. (Galvano au Musée de Saint-Germain) (*Fig.* 17 et 18).

Casque de *Rovische (Basse Carniole), Musée de Laibach.* — Ce casque du tumulus de Rovische était composé de baguettes tressées et ornées sur les côtés de disques, au centre desquels étaient posés des cabochons; au sommet, un disque beaucoup plus large, avec deux gorges surmontées d'un bouton un peu conique. Ce casque ressemble à celui de San Margarethen, mais les disques latéraux sont

Fig. 19. — *Casque de Rovische, Basse Carniole (Musée de Laibach).*

beaucoup plus petits et le bouton du sommet est conique au lieu d'être pointu. Ce casque était accompagné d'une fibule ornée de canards, d'anneaux de jambes, de bras, bracelets et bagues (1) (*Fig.* 19).

II. — Casque en forme de chapeau chinois avec tintinnabulum.

Casques du *Klein-Glein (Styrie), Autriche-Hongrie, Musée de Gratz* (2).

Ces casques sont d'une forme un peu étrange et si nous les admettons comme tels, nous ne croyons pas qu'ils aient servi à des guerriers, mais plutôt pour certaines démonstrations théâtrales. Casque conique en bronze, orné au bord et à la partie supérieure de pende-

(1) *Matériaux pour hist. Homme*, 1884, 18e année, 3e série, p. 466, *Fig.* 254.
(2) Chantre. — *Etude sur quelques nécropoles Hallstattiennes de l'Autriche et de l'Italie.* — *Materiaux*, 1884, T. XVIII, *Fig.* 185, p. 310.

loques triangulaires rappelant celles qui se trouvent sur les sistres et les appendices des fibules de Watsch et de San Margarethen. La surface extérieure est ornée au repoussé et au trait, à partir du bord inférieur, d'une rangée de perles, de canards ou d'S; d'un second rang de perles, de roues à quatre rayons; d'un troisième rang de perles, de croix; d'un quatrième rang de perles et de personnages debout, formant des zones parallèles et concentriques, toujours séparées par un rang de perles. Au sommet est fixé un cabochon circulaire d'environ un centimètre d'épaisseur et surmonté d'une petite boule. Des pendeloques triangulaires à anneau de suspension les retiennent à ce

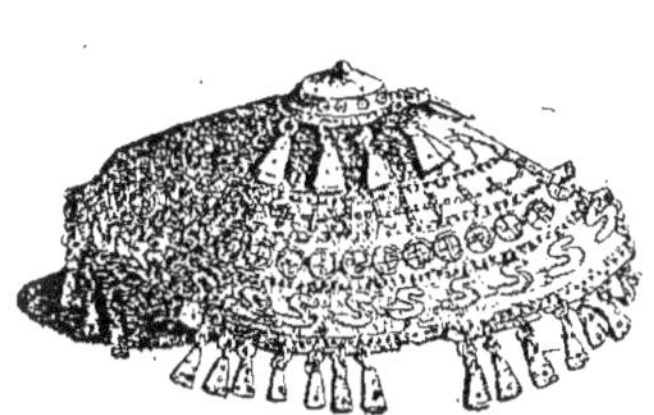

Fig. 20. — Casque de Klein-Gleim (Styrie).

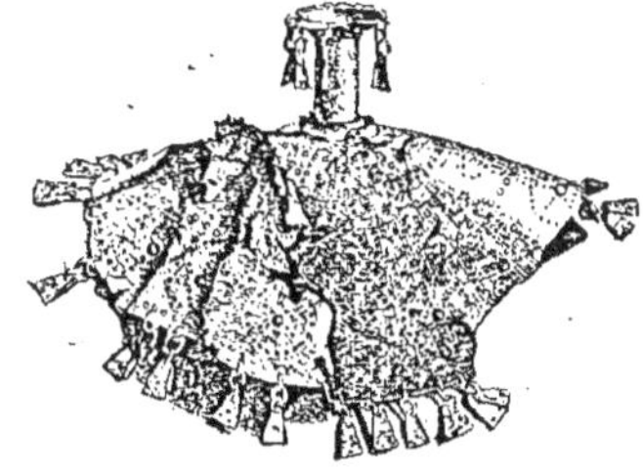

Fig. 21. — Casque de de Klein-Glein Styrie (Austro-Hongrie).

motif central. Des pendeloques analogues existent sur le pourtour extérieur formant ce casque et rappelant celles des « chapeaux chinois » (*Fig.* 20).

Le casque (*Fig.* 21) porte les mêmes ornements, et il est permis de supposer que ces coiffures étaient destinées à des danses et qu'elles s'agitaient en accompagnant les mouvements du danseur. Ce casque est de même forme, mais il est orné simplement de rangées de points et de rouelles à six rayons; tout le décor est exécuté au pointillé, tandis que dans le premier, le décor est estampé et au trait. Le centre est surmonté d'un tube évasé au sommet, en forme d'entonnoir, sur les bords duquel sont fixés aussi de petites pendeloques rendues mobiles à l'aide d'anneaux; les mêmes pendeloques existent sur le pourtour.

Les deux casques ont été trouvés en 1844 dans le gros tumulus de Klein Gein, avec des épées de bronze à antennes recourbées en spirale à manche de bronze rivé à la poignée (du genre de Corneto), une cuirasse de bronze ornée au repoussé, des haches à douille longitudinale, une passoire en bronze, des petits vases en terre et en bronze mince, une ciste ornée de figures humaines et d'animaux, des gants ou mains ornés de pointillés, de triangles et de décors grecs; un char remarquable supportant des chevaux, des personnages et une figure humaine nue beaucoup plus grande, portant sur sa tête une grande vasque munie d'anneaux sur les bords : tous ces objets se trouvent au Musée de Gratz (Styrie, Austro-Hongrie).

III. — Casques en forme de chapeau.

Nous allons étudier un groupe important de casques trouvés en général dans des nécropoles de l'Adriatique, depuis le Picenum (Ancône), Etrurie (Volsinii et Vetulonia), Ombrie et enfin l'Illyrie, la Carniole, la Styrie, la Carinthie (fouilles de Saint-Canzian). D'après M. Brizio, Plaute aurait mentionné les casques en forme de chapeau comme spéciaux à l'Illyrie (Nécropole de Novilara) (1).

Comme prototype des casques en forme de chapeau, nous citerons les casques de Vetulonia de la *tomba del Duce*, au Musée de Florence, classés par Montelius, comme étant du IXe siècle avant J.-C., et du IXe au Xe par M. Milani.

La population la plus ancienne du Picenum paraît s'être fixée à Fermo, Belmonte, Piceno et Montelparo au VIIIe et VIIe siècle; ensuite ce fut celle de Filottrano jusqu'au IVe siècle avant J. C.

Casque de la *nécropole de Numania (Fig. 22)*, calotte à bords légèrement évasés; le sommet orné de deux et larges cabochons (ancienne collection Rilli, au Musée d'Ancône). La *tomba del Duce*

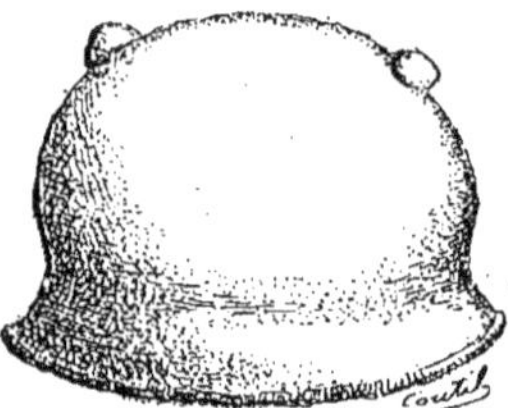

Fig. 22. — Casque de la nécropole de Numania (Musée d'Ancône).

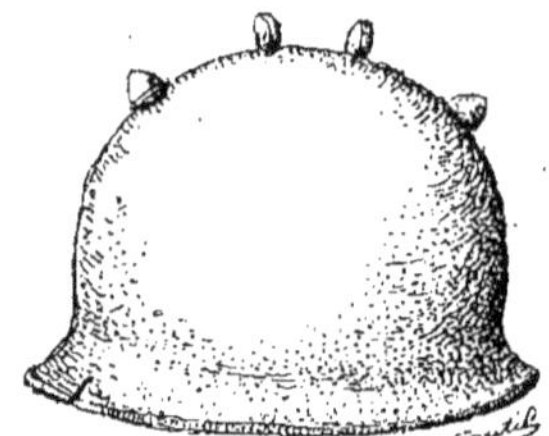

Fig. 23. — Casques de Belmonte Piceno (Fabrienses), 3 de Grotta Mare (Cuprenses) et Fermo (Musée d'Ancône).

à Vetulonia, a donné un casque analogue (Musée Florence). Un casque uni du lac de Sempach (Suisse), se trouve au Musée de l'Académie des Sciences, à Munich, il ressemble à ceux du Musée Kircher,

(1) *Monum. dei Lencei*, p. 201-214. — Voir aussi : ORSI. *Bull. paleth. Italiana*, ann. *XI*, pour les casques du Picenum.

à Rome ; d'Olympie au Bristih museum de Londres, et du Louvre à Paris.

Casques de *Belmonte Piceno* (Fabrienses), province d'Ascoli; deux exemplaires (*Fig.* 23); trois autres casques identiques de *Grotta Mare* (Cuprenses) ; trois autres de *Fermo* (Musée d'Ancône), ils sont formés d'une calotte ronde à bords légèrement évasés, le sommet orné de deux pattes rondes; et de deux semblables au *Musée Kircher* à Rome, l'un des *Abruzzes*, l'autre de *Montegiorgo*, province d'Ascoli Piceno. *La tomba del Duce de Vetulonia* a donné un casque à cabochons coniques (Musée d'Ancône). Trois autres identiques de la *tomba Circolo degli Ulivastri*, à Vetulonia, analogue (Musée archéologique de Florence), diamètre 0m24 ; un autre de *Costiaccia Bamibagini* (Musée de Florence).

Casques de la nécropole de Belmonte (*Fig.* 24); trois exemplaires provenant de l'ancienne collection Rilli; deux autres de *Fermo* ; un autre avec pattes carrées de *Belmonte*; même forme, le sommet orné de deux gros cabochons latéraux, et de deux autres plus petits entre

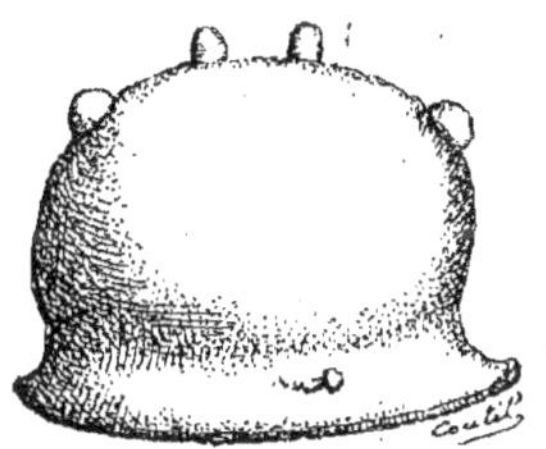

Fig. 24. — Casques de Belmonte Piceno (3 exemplaires) et 2 de Fermo (Musée d'Ancône).

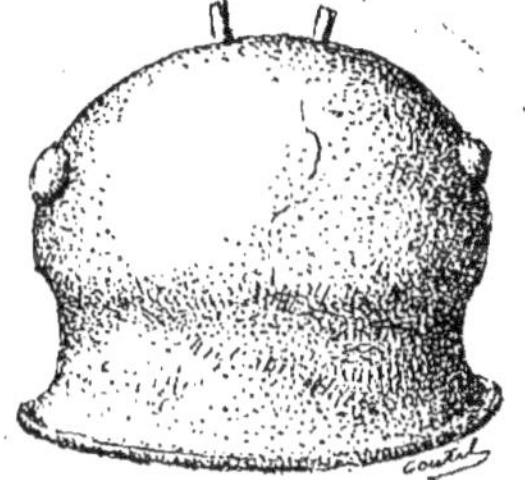

Fig. 25. — Casque de Belmonte Piceno et de Monte Piceno (prov. d'Ascoli) Faleriensés (Musée d'Ancône).

les deux ; un pivot saillant se trouve sur le bord (Musée d'Ancône); un autre casque analogue de *Poggio alla Guardia* (Musée de Florence).

Casque de *Belmonte Piceno*, et de *Monte Piceno* (Fabrienses), province d'Ascoli (Musée d'Ancône) (*Fig.* 25) ; même forme, avec deux gros cabochons de côté et deux pattes aplaties au sommet ; un casque de *Pérouse*, du Musée d'artillerie de Paris, porte en outre des pivots de chaque côté.

Casque de *Belmonte Piceno* (Musée d'Ancône) (*Fig.* 26) ; un gros cabochon orne le côté, et la gorge du bas porte trois filets.

Casque de *Belmonte Piceno* (Musée d'Ancône) (*Fig.* 27) ; avec sommet terminé par une sorte de trident (figurine ailée ?) Plus bas se trouve un gros cabochon, et sur les côtés de petits pivots.

Casque de *Belmonte Piceno*, au Musée d'Ancône (*Fig.* 28) ; même

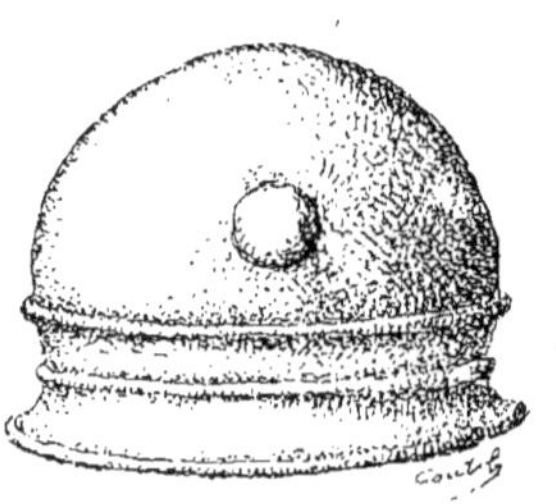
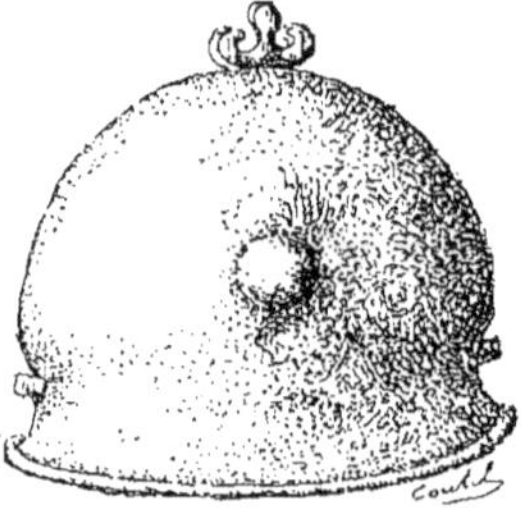
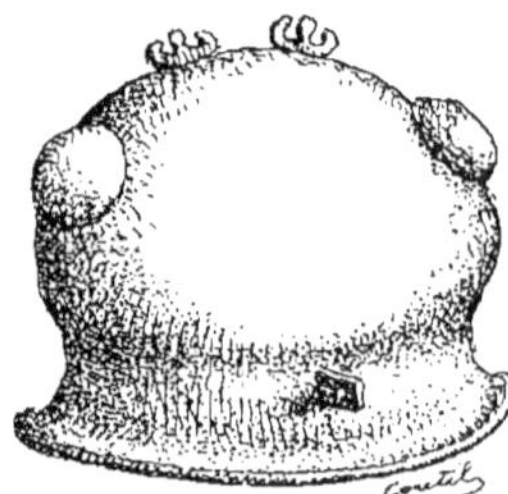

Fig. 26, 27 et 28. — Casques de Belmonte Piceno (Musée d'Ancône).

forme, avec deux tridents, deux gros cabochons et des pattes sur la gorge.

Casque de *Grotta Mare* (Cuprenses), province d'Ascoli Piceno (Musée d'Ancône) ; un autre de *Numana* (ancienne collection Rilli) ; deux autres de *Monte Piceno*, analogues à la figure 26 ; sans les filets de la base, avec deux petites crêtes en dessus et des bords un peu plus accusés.

IV. — Casques à crête.

Casque de *Belmonte Piceno* (*Fig.* 29) ; le Musée d'Ancône en possède huit exemplaires semblables, l'un d'eux a été trouvé auprès d'un char à roues ornées de bronze et bandages en fer ; mors et différents accessoires de fer ; des cnémides de bronze ; de très grandes urnes de terre cuite, un ciste à anse en bronze, énorme œnochoé à bec en terre ; un squelette était inhumé sous le char, rappelant le mode de sépulture des Gaulois de la Marne. Mais ici cette sépulture, par son mobilier funéraire, est du début du VIIe siècle avant J. C. (Le char a été restitué). Ce casque est orné en relief, de sortes de cornes ; le sommet est muni de deux pivots ; les côtés de deux cabochons.

Casque de *Belmonte Piceno* (Musée d'Ancône, *Fig.* 30) diffère un peu des précédents ; la forme en chapeau est très accusée, la visière plate est nettement accusée; la calotte porte des ornements saillants dans le genre précédent ; le sommet porte deux pivots à tête : la

Fig. 29. — Casque de Belmonte Piceno, avec un char (Musée d'Ancône).

Fig. 30. — Casque Illyrien de Belmonte Piceno (Musée d'Ancône).

Fig. 31. — Casque Illyrien de Belmonte Piceno (Musée d'Ancône).

base est formée d'une bande rapportée. On a trouvé des casques analogues dans les nécropoles de *Vermo* et de *Picchugia d'Istria.*

Casques de *Sesto Calende*, au Musée Archéologique de Milan.

Casque de *Belmonte* (Musée d'Ancône) (*Fig.* 31) ; le sommet porte un ornement trifolié ; sur les côtés, deux gros cabochons (même forme que le précédent).

Casque de *Numana* VIIe siècle (*Fig.* 32) ; analogue, il n'y a pas de

Fig. 32. — Casque Illyrien de Numana (Musée d'Ancône).

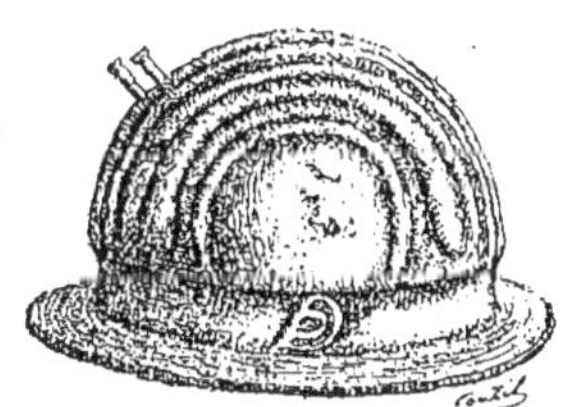

Fig. 33. — Casque de Numana, 8 exemplaires (Musée d'Ancône).

cabochon latéral, mais sur la base d'un côté, se trouve une petite tête de cheval, et à l'opposé, une sorte de croix. Cette forme se retrouve au Musée de Berlin, et au Musée Archéologique de Milan, provenant de Sesto-Calende, sans le motif du haut.

Casque de la *nécropole de Numana* (VIIe siècle) (*Fig.* 33), trois exemplaires semblables sont au Musée d'Ancône ; le sommet offre plusieurs crêtes parallèles simulées et une oreille en relief sur le côté de la base, avec deux pivots au sommet.

Casque du *Musée Grégorien* (*Fig.* 34); analogue au précédent, mais le pivot est sur la gorge au lieu d'être sur le sommet.

Casque du *Musée de Karlsruhe* rappelle la figure 38, mais il est plus simple, avec une seule arête au sommet, se rabattant en arc sur la base, avec une grosse bosse sur le côté, et une indication d'oreille en relief (n° 700 du catalogue de ce Musée).

Casques du *British Museum de Londres*, analogue aux précédents, mais incomplets de la base.

Casques du *Samnium* (ancienne collection Bourguignon); au Musée de Naples ; identiques.

Casque trouvé près d'*Ancône*, au Musée de Berlin (ancienne col-

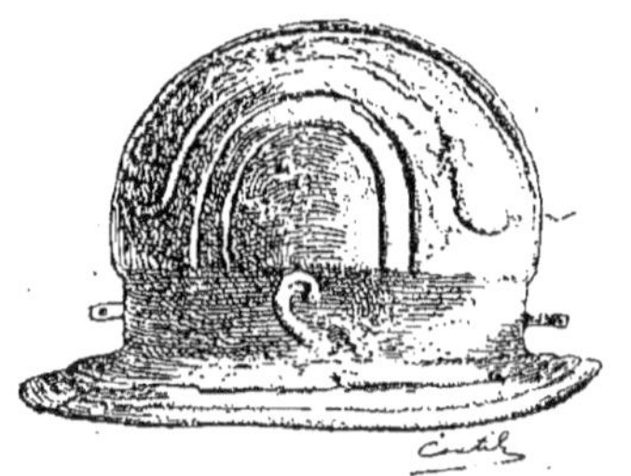

Fig. 34. — Casque du Musée Grégorien de Rome (VIIe siècle).

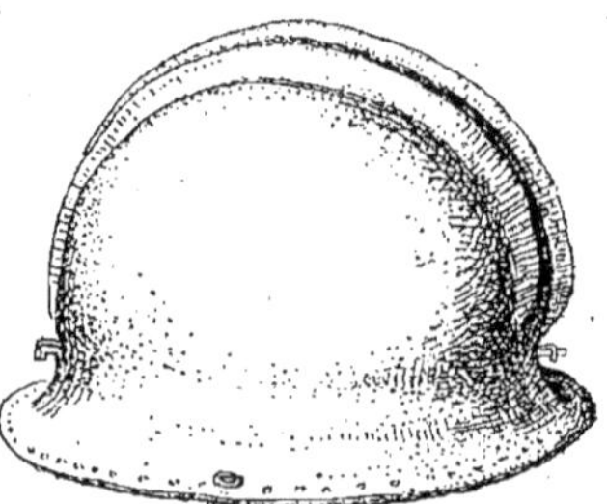

Fig. 35. — Casque de Hallstatt (Basse-Bavière).

lection Lipperheide); identique de forme, mais orné de deux béliers affrontés.

Casque du *Musée* de *Vienne* (anc. col. Delahaye) ; plus simple, mais de même forme.

Casques de la *Nécropole de Hallstatt* (Basse Bavière) (*Fig.* 35). Deux de ces casques rappellent les précédents ; ils sont plus simples de décor ; ils portent au sommet deux petites crêtes, un crochet à l'avant ; à l'arrière et sur le bord, une série de trous destinés à fixer du cuir ou de l'étoffe. Ces casques rappellent ceux de la nécropole de *Vetulonia* (Musée de Florence), mais ces derniers n'ont pas de crêtes. (Galvano au Musée de Saint-Germain).

Casques de *Watsch* (*Fig* 36). Les trois casques du Watsch, près Littai, du Musée de Laibach, ressemblent beaucoup à ceux qui se trouvent sur la tête des guerriers de la ciste de la Certosa de Bologne ; ils sont au nombre de trois au Musée de Vienne, et un au

Musée de Laibach. Le plus intéressant a la forme d'une calotte, dont le sommet est surmonté de deux crêtes ; le côté extérieur est relié à la calotte par trois filets renflés, au quart de la hauteur, à partir de la base et aux deux extrémités du grand diamètre ; on remarque d'un côté une tête de petit cheval, et de l'autre une petite tige munie d'un anneau, ayant servi à fixer le casque au cou ou au vêtement. Les bords sont plats et renforcés par une bande fixée par des rivets. La présence des têtes de petits chevaux se retrouve sur un autre casque de Watsch et les casques du Musée d'Ancône, provenant de la nécropole de Numana.

Le second caques de Watsch est uni au sommet, la calotte a été renforcée par quatres pièces rivées ; sur les côtés opposés, on remarque un poitrail de petit cheval et une tige courbe à l'opposé ; le sommet est surmonté d'une patte ou figurine ailée en forme de tri-

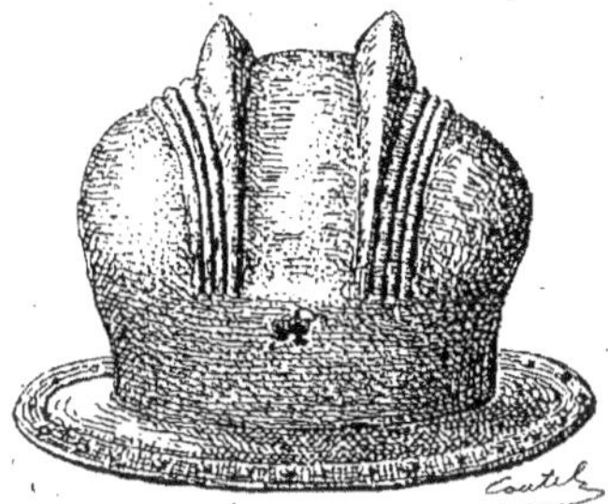

Fig. 36. — Casque de Watsch [VIIe siècle] (Musée de Vienne).

Fig. 37. — Casque de Wastch, près Littai (Musée de Laibach).

dent, comme sur les casques de Numana et Belmonte Piceno (Musée d'Ancône) ; les bords sont plats et renforcés.

Le troisième casque est plus simple, obtenu d'un seul morceau, avec très légère crête d'avant en arrière, légère gorge et bords arrondis ; la base de la calotte porte de fines gravures reproduisant des palmettes séparées par trois petits cercles concentriques : ce dernier casque, à cause de sa gorge et de ses gravures, nous semble devoir être plutôt placé dans le groupe de la série VII (1).

Le casque de Watsch du Musée de Laibach (*Fig.* 37) porte deux crêtes plus proéminentes. (Galvano au Musée de Saint-Germain).

Casque de *Sainte Madeleine, près Saint Marein*, au musée de Laibach, est analogue au précédent.

(1) Von Ferdinand Von Hochstetter. — *Die neuesten Graberfunde von Watsch und San Margarethen und der Culturkreis der Hallstatter Periode.* Wien, 1833. *Matériaux*, 18e année, 3e série, T. 1884, p. 169-170, fig. 107, 108, 109, 110.

V. — Casques grecs à crêtes.

Comme transition entre les casques en forme de chapeau à crêtes et les casques grecs Corinthiens à paragnatides, nous citerons principalement les casques trouvés à Olympie.

Le casque de la *glypthotèque de Munich*, muni de trois arêtes parallèles d'avant en arrière, réunies par une bande perpendiculaire des cercles avec point central et des rangées de perles repoussées, forme une transition entre les casques en forme de chapeau et les casques grecs à paragnatides rigides ou articulés (*Fig.* 38).

Casque trouvé à *Olympie*, au Musée d'Olympie ; offre deux crêtes parallèles peu accusées d'avant en arrière réunies en avant; deux paragnatides rigides descendant assez bas, et un couvre-nuque ;

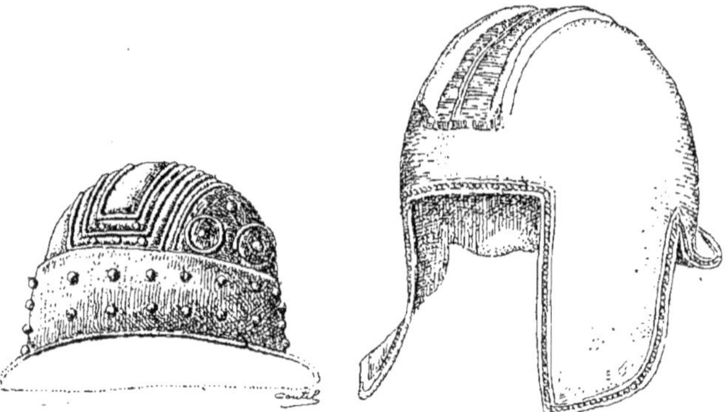

Fig. 38. — Casque de Munich Glypthotèque.

Fig. 39 — Casque à crêtes d'Olympie (Musée d'Olympie).

dessin perlé autour de l'échancrure rectangulaire faciale et du couvre-nuque (*Fig.* 39).

Casque trouvé à *Olympie*, au Musée d'Athènes; identique, mais le couvre-nuque est brisé; bouton en avant attaché vers la nuque.

Casque du Musée de *Kausenbourg*, *Transylvanie* (*Autriche*), *ou Koloszvar, en Hongrois* ; identique aux deux précédents.

Casque du *Musée de Berlin* (anc. coll. Lipperheide) ; identique aux précédents, avec des têtes de rivets sur le pourtour.

Casque de *Kertsch* (*Russie méridionale*) au Musée d'Oxford ; identique pour la partie supérieure, mais les paragnatides manquent : on peut supposer qu'elles étaient fixées au moyen de rivets aux trous qui existent, puisque le couvre-nuque est lui-même rivé.

VI. — Casques à bords épais et gorge au-dessus.

Entre ces casques et la série suivante nous placerons un groupe un peu spécial, formant une sorte de transition, entre la forme hémisphérique et les formes où il existe une gorge plus accusée et un bord plus ou moins épais, souvent orné de raies ou de dessins.

Casque de *Mantes* (Seine-et-Oise), *trouvé dans la Seine, en* 1860, collection du Dr Bonneau, à Mantes (Seine-et-Oise), une copie en galvano existe au Musée de Saint-Germain-en-Laye; ce casque, comme les casques Hallstattiens qui précèdent et qui suivent, a été

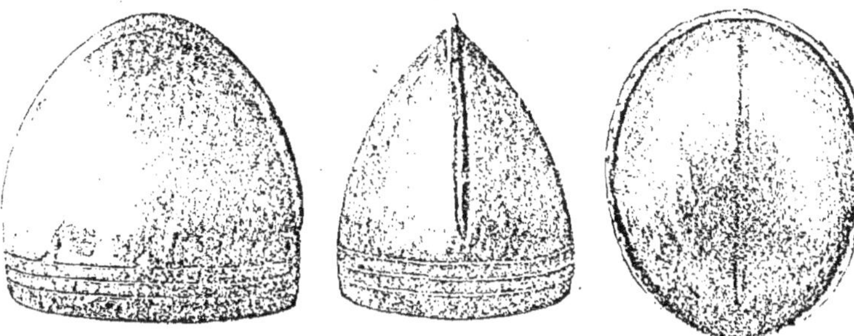

Fig. 40. — Casques trouvés dans la Seine, à *Mantes* (Seine-et-Oise).

obtenu d'un seul morceau par martelage, et non au moyen de deux valves estampées et rivées; il porte une légère crête arrondie au sommet; sur la base, trois raies creuses au lieu d'être saillantes; enfin, quinze trous sur son pourtour de base, afin de fixer un couvre-nuque; il mesure 0m24 de hauteur, 0m21 de diamètre sur 0m17 de large (*Fig.* 40).

Casque d'*Olympie*, au British Museum de Londres; il porte une longue inscription en grec très archaïque, sur trois lignes.

Casque de *Streetwegg, près Judenburg*, au Musée Jean à Graz (Styrie, Autriche-Hongrie); la partie supérieure de la calotte est brisée.

Casque de *Canosa*, au Musée de Naples; à sommet un peu plus élevé et légère crête; gorge et bord assez épais, orné de trois filets gravés (*Fig.* 41).

Casque du Musée grégorien à Rome, *provenant d'Etrurie*; avec un masque de bronze au-dessous.

Casque de *Sulmona* (*Abbruzzes*), Musée de Berlin (anc. col. Lipperheide).

Casque trouvé dans la *province de Naples*; au Musée d'Artillerie de Paris.

Casque de *Pestum*, au Musée de Karlsrhue.
Casque d'*Egnazia*, au Musée de Naples (*Fig.* 42).
Casque du *British Museum, à Londres.*
Casque d'*Herculanum*, au Musée d'armes de Turin.
Casque du *Musée Kircher*, à Rome.

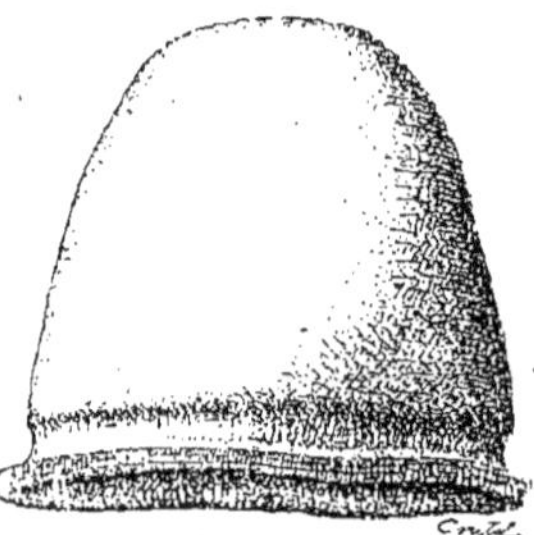

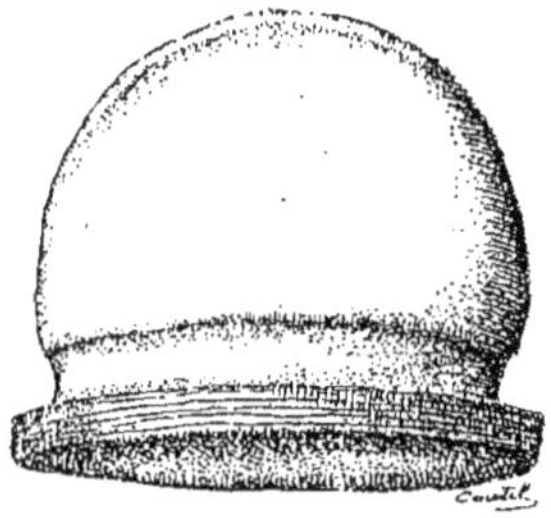

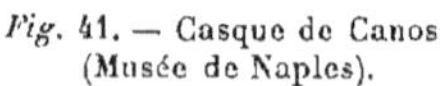

Fig. 41. — Casque de Canosa (Musée de Naples).

Fig. 42. — Casque d'Egnazia (Musée de Naples).

Casque de *Watsch*, près Littai, Musée royal de Vienne.
Casque de *Selinunte*, au Musée de Berlin (anc. col. Lipperheide).
Casque de la *Grande Grèce*, au Cabinet des médailles à Paris.
Casque du *Musée de Nuremberg*.
Casque du *Musée du Louvre*, à Paris.
Casque du *Château de Rheinsten*, près Bingen; avec tête de Méduse à l'avant.

Casque du *Musée de Saint-Germain-en-Laye* (N° 325); de même forme, le sommet orné de deux petits lions couchés et séparés; sur les côtés, deux petits serpents; sur le devant deux autres serpents sont affrontés, ainsi que sur la gorge du bas.

VII. — Casques avec crête arrondie et proéminente, ornée de fines gravures.

Casque du *Musée du Louvre*, à Paris; avec une tête de lion sur un des côtés, et des cocardes ornées de cercles fixant les jugulaires, terminées par des chaînettes.

Deux casques de l'*Italie centrale*; Musée de Berlin (anc. col. Lipperheide), avec tête de lion à l'extrémité; l'un porte en plus une palmette au sommet.

Casques identiques au *Musée de l'Ermitage*, à Saint-Pétersbourg et au *Musée de Berlin* (anc. collect. Lipperheide); à gorge plus importante; la bordure du bas est ornée de deux rangs de feuilles et d'oves; la bombe ornée de volutes; le cimier, d'un chien ou d'un tigre; le devant de la bordure, d'une tête d'adolescent en relief.

Casque de *Volterra*, Musée de Berlin (anc. col. Lipperheide); orné aussi d'une tête de lion, de tigres gravés, et d'une grande palmette sur la calotte (*Fig.* 43).

Casque de *Pise*, trouvé en 1895; au Musée de Berlin (anc. col. Lipperheide); avec palmette sur les côtés; lion sur le cimier, tête d'enfant sur le devant; deux rangs de feuilles sur le pourtour.

Fig. 43. — Casque de Volterra, au Musée de Berlin (anc. collect. Lipperheide).

1° Trois casques de *Negau*, près Radkersbourg, au Musée historique de Vienne; 2° au Musée Jean à Gratz; 3° au Musée de Laibach.

Casque trouvé *près de Capoue*, au Musée de Berlin (anc. col. Lipperheide).

Casque du *Musée Maximilien*, à Augsbourg.

Casque trouvé *près de Jigis* (*canton de Graubunden*), au Musée Ratisches, à Coire (Suisse).

VIII. — Casques analogues à crête arrondie et proéminente.

Casque trouvé *près du château de Churburg*, à Vintschgau (Tyrol, Autriche), déposé momentanément au Musée Ferdinand, à Ins-

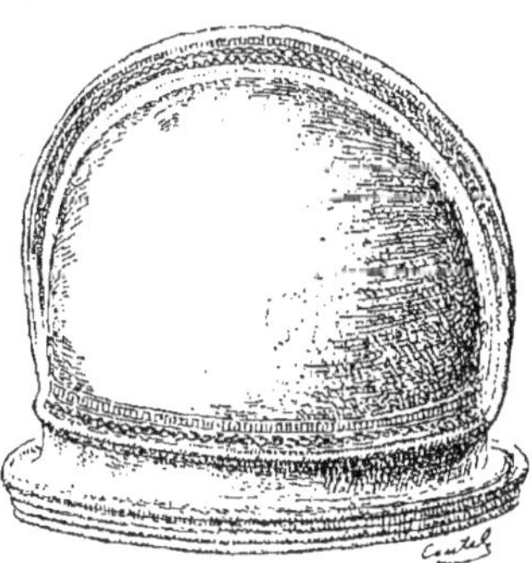

Fig. 44 et 44 *bis*. — Casque du Musée Ferdinand, à Inspruck.

pruk, par M. Gotthart, comte de Trapp; l'intérieur porte une série de tenons pour fixer une coiffe (*Fig.* 44 et 44 *bis*).

Casque du *Musée d'Inspruck*, localité inconnue ; il est orné de nervures longitudinales et transversales, sur le bord de la calotte ; il ressemble à celui de *Brescia* et d'*Augsbourg*, du Musée de Coire.

Casque trouvé à *Daône en Judicarien*, au Musée de Brescia ; mêmes détails, et gravures en plus ; l'intérieur garni de tenons pour une coiffe (*Fig.* 45).

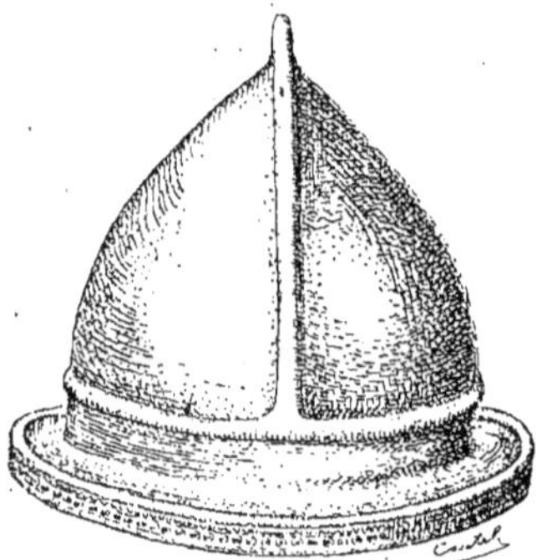

Fig. 45. — Casque de Daône en Judicarien (Musée de Brescia).

Casque du *Musée de Brescia*, avec nervure sur la gorge et nervure ou crête verticale ; la bordure est gravée ; cette forme caractérise bien ce groupe.

Deux casques de *Giubiasco* nos 8 et 9 (*Tessin-Suisse*) rappellent celui du Musée Ferdinand à Inspruck.

Casque de *Churburg*, à Vintschgau, au Musée Ferdinand, à Inspruck.

M. Freiherrn von Lipperheide, auquel nous avons emprunté un certain nombre des casques mentionnés dans ce groupe, a placé le casque hallstattien de la Carniole du Musée de Laibach (*Fig.* 37) dans un autre et dernier groupe ; nous ne pouvons admettre ce classement, et nous l'avons mis au contraire au début de cette série, avec les casques de Vetulonia et avant ceux de Watsch, Olympie, Kolosvar, Kertsch, etc., qui sont Hallstattiens (VIIIe siècle avant J.-C.).

Quatre casques de la Nécropole de *Giubiasco* (Tessin), décrits par M. Viollier, Sous-Directeur du Musée de Zurich, portent sur la calotte, d'avant en arrière, cinq pivots fixés sur une bande, qui constitue une variante, mais les casques sont à peu près de même forme (*Fig.* 46).

Casques Corinthiens.

La désignation de casque *Corinthien* provient de la découverte à Olympie d'un casque portant une dédicace à Zeus, par les Argiens, qui le qualifient de *butin de Corinthe*.

Les casques dits Corinthiens enveloppaient la tête, laissant une fente horizontale pour les yeux, une fente verticale pour le nez et la bouche ; au centre, une bande descend en avant du vide et forme le nasal : ces casques ressemblent un peu aux haumes du XIII siècle.

Fig. 46. — Giubiasco (canton du Tessin, Suisse) [Musée National suisse de Zurich]
Casques trouvés dans des sépultures gallo-romaines.

1. Tombe nº 273 (fer).
2. Tombe 32 (fer).
3. Tombe 96 (bronze).
4. Tombe 425 (fer).
5. Tombe 423 (bronze).
6. Tombe 71 (bronze et fer).
7. Tombe 222 (br. et fer).
8. Tombe 119 (bronze).
9. Tombe 262 (bronze).

On les a aussi nommés *Corinthiens*, parce qu'ils sont fréquemment reproduits sur des monnaies de Corinthe et d'Argos, au début du ve et au vi^e siècle avant J.-C., sur les monnaies de la Grèce du Nord et des vases dits Corinthiens à figures noires. On en voit un sur une plaque de bronze représentant Thétis offrant les armes d'Achille (Musée de Florence), et une sculpture trouvée dans la nécropole d'Orvieto, au Musée de Florence.

Casque du Musée de *Berlin* (anc. coll. Lipperheide).

Casque trouvé en *Venetie*, dans une tombe; Musée de Berlin, (anc. col. Lipperheide).

Casques de *Locri* n° 5737; de *Pestum*, 5739; et de *Ruvo* 5707, au Musée de Naples.

Casque du Musée de *Berlin* (anc. col. Lipperheide); plus élevé.

Deux casques d'*Athènes*, même Musée.

Casque de *Canosa de Puglia*, au Cabinet des médailles à Paris.

Casque du *Musée Royal de Vienne*.

Casque de *Grèce*; au Musée de Berlin (anc. col. Lipperheide).

Casque de *Grande Grèce*, au Cabinet des médailles de Paris.

Casque du Musée d'*Hambourg*.

Casque des *Maremmes* (*Italie centrale*); au Musée de Berlin (anc. col. Lipperheide).

Casque du *British Museum de Londres*, surmonté de larges cornes plates, avec un nasal et des arcades sourcillères très longues (*fig.* 47).

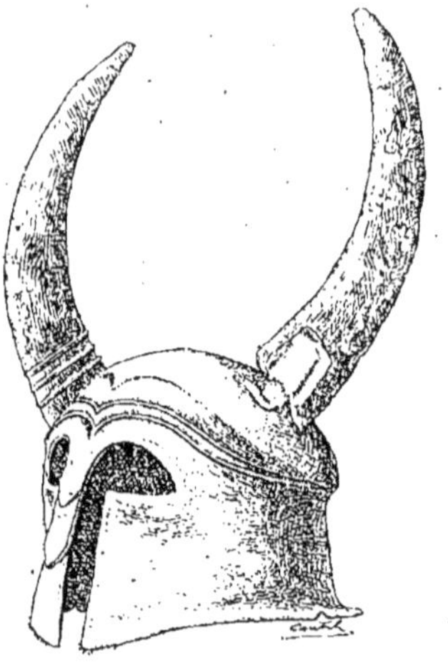

Fig. 47. — Casque du British Museum de Londres.

Casque du *château de Rheinstein*, près Bingen.

Casque du *Musée de l'Ermitage, à Saint-Pétersbourg* (Pétrograd); avec arcade sourcillère.

Casque du *Musée d'artillerie de Paris*; très richement gravé sur tout son pourtour.

Casque du *Musée national d'Athènes*, finement gravé.

Casque de l'*Alphéios*, près Olympie, au Cabinet des médailles de Paris; fines gravures.

Casque de *l'évêché de Lincoln* (*Angleterre*); les paragnatides sont très relevés à l'extérieur, sans doute par suite d'une déformation.

Casque du *Musée national d'Athènes*, avec très long nasal et dépression circulaire au niveau des sourcils et de la nuque.

Casque des collections historiques de *la maison impériale de* Vienne; plus bas de forme.

Casque du *Musée Maximilien à Augsbourg*, les paragnatides légèrement déformées sur le devant.

Casque du *Musée Kircher, à Rome*. Nos 84050 et 5527.

Casque du *Musée royal de Turin*; à forme basse.

Casque de *Glasinac*, près Cavarine, du *Musée régional de Sarajevo* (*Bosnie*); le sommet est brisé.

Casque du *Musée de Berlin* (anc. col. Lipperheide).

Casque du *Musée de Karlsruhe*; avec sourcilliers arqués et gravures.

Casque du *Musée de l'Ermitage, à Saint-Pétersbourg* (Petrograd); avec sourcillers et cygne en relief, au sommet.

Casques de *Vetulonia* (*tomba di Franchetta*), au Musée de Florence; avec deux petits anneaux au sommet et un semblable de la *tomba della Pietrera*, un autre de la *tomba Pelliace*.

Casque de *Kuvo*, au *Musée National de Naples*; bas, avec long nasal; calotte plus basse.

Casque de la *Grande Grèce*, au Cabinet des médailles de Paris; très bas.

Casque du *Musée de Berlin* (anc. col. Lipperheide); avec palmettes au coin des yeux.

Casque du *Musée du Louvre*, à Paris; avec des gravures représentant des griffons sur la base, des palmettes au coin des yeux, et des sourcils.

Deux Casques de la *Grande Grèce*; au Cabinet des médailles de Paris; palmettes sur le front et sourcils.

Deux Casques du *Musée de Berlin* (anc. coll. Lipperheide); palmette au front et sourcils; le second n'a pas de palmettes.

Casque du *Musée National d'Athènes*; avec sourcils et dépression autour du sommet du crâne.

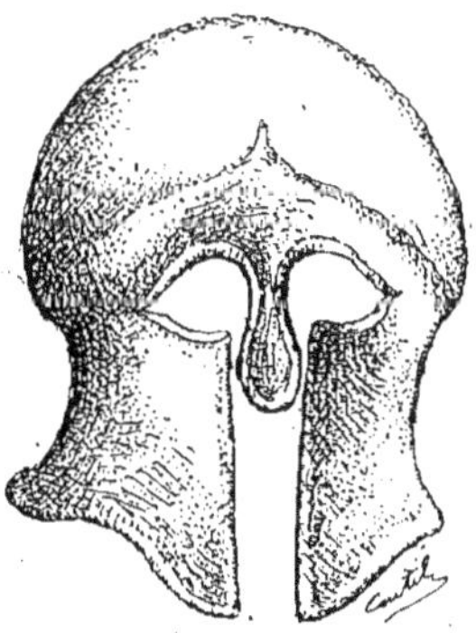

Fig. 48. — Casque de Belmonte Piceno (4 exemplaires), au Musée d'Ancône.

Quatre Casques semblables de la nécropole de *Belmonte Piceno* (*Fig.* 48), au Musée d'Ancône; ils ont été trouvés avec des casques en forme de chapeau (*Fig.* 23, 24, 25, 26, 27, 28, 29, 30, 31).

Casque de l'*Alpheios, près Athènes*; au British museum de Londres; sourcils et dépression frontale antéro-postérieure.

Casque de *Gurkfeld, sur la Save*; avec sourcils et palmette frontale gravée; au Musée de Berlin (anc. col. Lipperheide).

Casque du *Musée de Karlsruhe* (N° 602) de ce Musée.

Casque de *Capoue*; au Musée royal Antiquarium de Munich; fermé devant la bouche.

Casque de *la Sicile*; au Musée de Baden-Bade (coll. Karl Gimbel); avec animaux affrontés (sangliers) finement gravés.

Casque du *Musée de Berlin* (anc. col. Lipperheide); avec les mêmes animaux. Un casque Corinthien orne le frontal de bronze d'un cheval du Musée de Karlsruhe (N° 462).

Casques Ioniques.

Les Casques Ioniques ressemblent aux précédents, la visière est fermée, deux petites ouvertures subsistent pour les yeux; le nasal est formé par une bande triangulaire; deux ou trois petites fentes verticales permettent à l'air d'entrer devant la bouche, elles remplaçent la longue ouverture médiane des casques; les sourcillers sont plus accusés, surtout en avant, et se prolongent en arrière, limitant le relief de la calotte; le pourtour est souvent orné de fines gravures de sangliers ou de taureaux affrontés; on peut dater ces casques de la fin du VIe siècle.

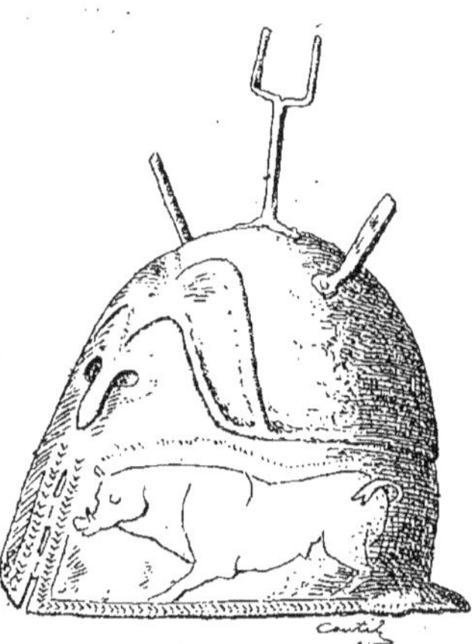

Fig. 49. — Casque de Gurkfeld, sur la Save (Musée de Berlin).

Casque de la *Grande Grèce*, au Cabinet des médailles de Paris; avec vestiges de trois tiges fixées au sommet pour soutenir des ornements.

Casque de *Gurkfeld, sur la Save*; fermé complétement à la base; très petites échancrures pour les yeux; larges sourcilliers; deux tiges latérales et une fourchette sur le sommet; sur la base, deux sangliers affrontés et gravés (*Fig.* 49).

Casque de *Friaul*, au Musée royal d'armures de Turin; avec trois appendices.

Casque trouvé *près d'Athènes* ; avec appendice au sommet et gravure de sangliers (coll. J. Naue au Musée de Munich).

Casque de *Lucanie* (*Italie méridionale*) ; au British museum de Londres; avec appendices fragmentés.

Casque du *Musée germanique de Nuremberg*; avec appendice terminé en fourchette.

Casque de *Syracuse*, au Musée de Berlin (anc. col. Lipperheide); avec appendice à fourchette et sangliers affrontés.

Casque de *Vulci*, au British museum ; appendice brisé, sangliers affrontés.

Casque de *Vulci*, avec une scène de tauromachie reproduite en demi relief sur la partie frontale; perlé sur tout le pourtour : un des plus riches casques antiques appartenant au Cabinet des médaillesde Paris.

Casque de la *Grande Grèce*; yeux indiqués par deux petits trous, le nez par un trait gravé, arcade sourcillère et renflement temporal; pas d'appendice.

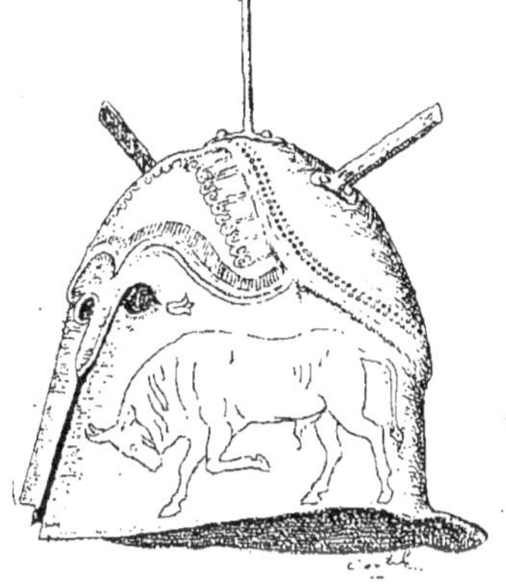

Fig. 50. — Casque de Canosa, près Barletta (Italie) (Musée de Karlsruhe).

Casque de *Canosa, près Barletta*, au Musée de Karlsruhe; spirales simulant des cheveux, arcade sourcillère ; lions et taureau affrontés; deux appendices et deux boutons (*Fig.* 50).

Casque de *Telamone* 1887 (N° 700), au Musée de Karlsruhe; semblable au précédent, avec au centre, une tige à fourchette, au lieu de deux boutons; très élégant décor gravé comme le précédent.

Casque du *Musée royal d'antiquités de Berlin* ; avec simple échancrure pour les yeux et le nez; animal et personnage gravés.

Casques Attiques.

Les formes de ces casques sont analogues aux précédentes; on remarque une échancrure dégageant les oreilles ; les paragnatides se terminent ordinairement en pointe, elles sont parfois articulées, et sur les statues, on les voit souvent relevées chez les guerriers combattant, ce qui s'explique peu, car alors elles ne protégeaient plus les joues. Le frontal se relève en spirales sur les oreilles; le nasal est très petit ou il manque totalement.

Ces casques ne sont pas souvent reproduits sur les vases chalcidiens, ni sur les monnaies; ils sont figurés sur le fronton d'Egine, et par suite, on peut les dater du début du ve siècle av. J.-C. On en a souvent trouvé en Etrurie.

Casques de *Canosa* (5737), Musée de Naples; un autre exemplaire de la même localité au même Musée N° 5726, n'a plus ses paragnatides (*Fig.* 51).

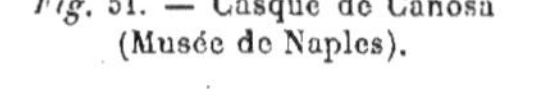

Fig. 51. — Casque de Canosa (Musée de Naples).

Casque de *Locri*, au même Musée; avec inscription grecque.

Casque de *Vulci*, au Cabinet des médailles à Paris.

Casque du *Musée du Louvre*; sans paragnatides.

Casque du *Musée Archéologique de Florence*; avec personnage en relief sur le front, les paragnatides sont articulées.

Casque du *Musée d'Athènes*; très bas, à paragnatides droites.

Deux casques d'*Olympie*, au Musée d'Olympie; l'un des deux porte des paragnatides rapportés, la partie conique du sommet brisée.

Casque du *Musée de Vienne* (Collection Delahaye); identique etcomplet.

Casque de *Pietrabbondante*, au Musée de Naples (*Fig.* 52), à paragnatides articulées.

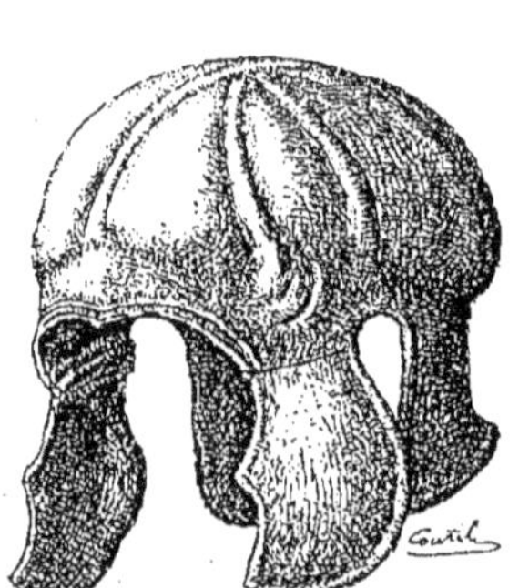

Fig. 52. — Casque de Pietrabbondante (Musée de Naples).

Casque de *Kertsch* (*Tauride-Russie*), Musée de Saint-Pétersbourg, à paragnatides fixes et arrondies, formant de larges échancrures sur le devant.

Casque de *Kirk-Kilissé* (*village d'Andrinople*, 1892), au Musée de Constantinople.

Casque de *Pestum* (Italie méridionale, 1805); au Musée de Naples; à paragnatides très rondes.

Casque de la *Collection Delahaye, à Vienne*, à paragnatides pointues.

Casque du *British museum de Londres*; de même forme.

Casque de la *Basilicate*; avec dépression frontale se relevant en pointe sur le front, et formant un losange avec l'arcade sourcillière; paragnatides pointues avec inscription grecque.

Casque de *Vulci*, au British muséum; même forme, avec paragnatides arrondies.

Casque de *Locri*, au Musée de Naples (N° 5737); même forme, avec une tête de cheval en relief sur les paragnatides.

Casque du *Musée du Louvre*.

Casque de *Ruvo* (Italie), Musée de Karlsruhe; avec tête d'aigle sur chaque paragnatide articulée (le bec est tourné en bas) (*Fig.* 53).

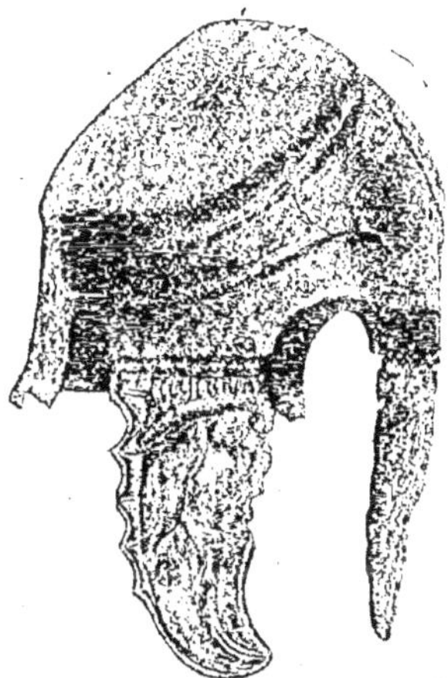

Fig. 53. — Casque de Ruvo (Musée de Karlsruhe).

Casque trouvé en *Crimée*; au Musée de Saint-Pétersbourg (Petrograd); uni.

Casque du *British museum*; avec tête d'enfant en relief sur le front.

Casque de *Pestum*, au Musée de Naples; très uni; a perdu ses jugulaires articulées.

Casque du *Cabinet des médailles de Paris*; avec ailes découpées sur les côtés; paragnatides articulées.

Casque de *Ruvo*, au Cabinet des médailles de Paris, avec des ailes détachées et remontantes, analogues; paragnatides articulées et arrondies.

Casque du *Cabinet des médailles à Paris*; avec tête humaine en relief; cocarde de chaque côté; deux cornes et une double aigrette repliée sur le sommet.

Casque de *Cumes*, au Musée de la Tour de Londres; même forme, avec des ailes détachées, au-dessus d'un ornement en spirale situé sur les oreilles; deux ressorts en spirale sont fixés au sommet (*Fig.* 54).

Casque trouvé à *Pertosa près Salerne*, avec ornement en spirale sur l'oreille au Musée de Naples (sommet percé).

Casque la *Basilicate*; au British museum; même forme, avec appendices au sommet.

Casque du *Musée royal d'Antiquités de Munich*, même forme, jugulaires fragmentées.

Casque trouvé dans la *province de Naples*; au Musée d'artillerie de Paris; même forme, avec lignes formant un losange sur le devant, légère crête; paragnatides articulées et légèrement pointues.

Casque de *Capodignano*, au Musée d'artillerie de Paris; même forme, mais avec une tête d'Apollon sur le frontal; des têtes de chevaux en relief ornent les paragnatides.

Une tête en bronze du Musée de *Volterra*; deux statues de Mars, en bronze, du Musée d'archéologie de Florence, et du Musée Grégorien de Rome, portent le casque avec les paragnatides relevées. Le Cabinet de France (Cabinet des médailles) possède un beau camée représentant une Minerve casquée du *Casque Athénien*; ce casque figure aussi sur le bas-relief de Kreusis en Béotie, et sur des

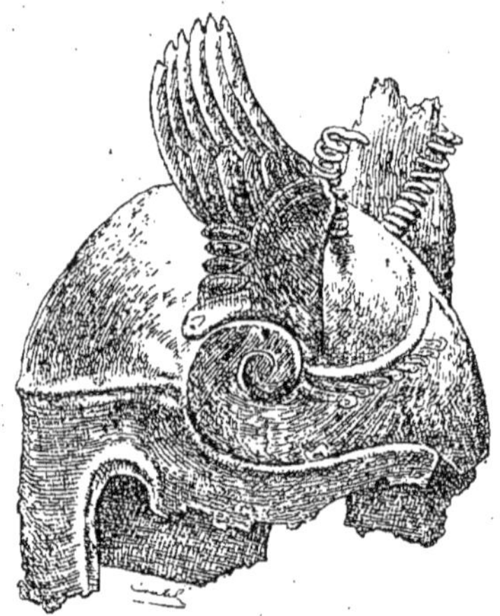

Fig. 54. — Casque de Cumes (Musée de la Tour de Londres).

monnaies d'Athènes; le même Musée possède des casques en métal, ainsi que les Musées d'artillerie et du Louvre; on peut citer encore ceux des Musées de Florence, d'Athènes, d'Olympie, de Vienne, les « fouilles de Delphes », de Kirk-Kilissé, près Constantinople, du Musée de Constantinople, du Musée de Naples; un casque de Vulci au British museum, des Musées de Karlsruhe et de Munich.

Le Casque Attique se voit sur les figures des coupes de la fin du VIe siècle avant J.-C. On compte 77 casques Attiques dont 4 à jugulaires sur le mausolée de Trysa en Lycie, dû à des sculpteurs Athéniens, mais nous devons ajouter qu'il s'y trouve aussi 25 casques Corinthiens, d'où un maximum de près de 50 % pour les casques Attiques.

Casques de forme phrygienne.

Ces casques sont caractérisés par le sommet arrondi et se rabattant sur le devant, rappelant la forme souple du bonnet de coton napolitain et normand.

Casque de *Constantinople,* au Musée de Copenhague et casqua de la Grande Bliznitza.

Casque du *British museum de Londres,* à sommet moins rabattu sur le devant.

Casque du *Ruvo,* du Cabinet des médailles de Paris; encore moins rabattu.

Casque du *Musée Grégorien de Rome,* peu caractérisé et offrant des mèches de cheveux en relief.

Casque d'*Herculanum,* au Cabinet des médailles de Paris; avec des mèches frisées sur le devant et des tigres et un aigle en relief; le bonnet replié en avant.

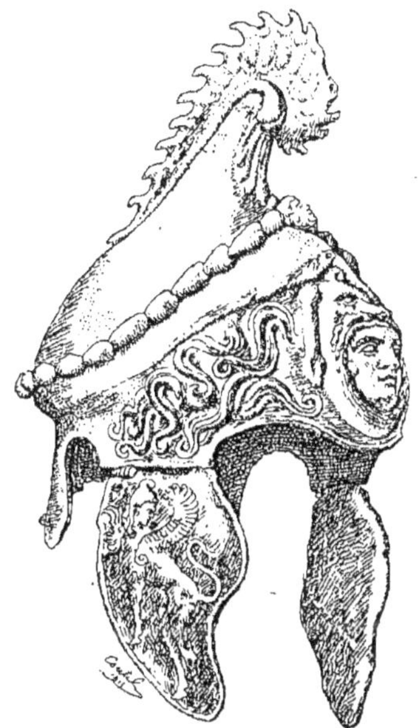

Fig. 55. — Casque du Musée du Louvre, à Paris.

Casque du *Musée du Louvre,* à Paris; avec tête humaine sur le devant, mèches de cheveux, grande crête de coq surmontant le cimier replié en avant; les paragnatides sont ornées de belles chimères; c'est un des plus riches casques antiques (*Fig.* 55).

Casque de *Kertsch* et casque de la Grande Bliznitza; au Musée de l'Ermitage (Petrograd); avec personnage en relief sur les paragnatides.

Casque de *Milo,* à l'Antiquarium de Berlin; avec têtes humaines sur le centre et les deux oreilles.

Casque du *Musée du Louvre* à Paris; même forme et décor.

Casques coniques.

Certains casques sont intermédiaires entre la vraie calotte hémisphérique de Corneto (*Fig.* 9); les calottes du Musée de Nuremberg (N° 1962); de la tourbière d'Iseo, province de Brescia; du Musée de Mayence ; et une forme plus surélevée en forme de tiare. Nous citerons comme type le casque en or du *Tumulus d'Ak-Bouroun près Kertsch* (1), il pèse 800 grammes ; au Musée de l'Ermitage, à Saint-Pétersbourg (Petrograd); orné de fleurs, de rinceaux et d'ornements en spirales découpées à jour. La Russie méridionale a donné d'autres tiares peut-être d'origine Scythe; c'est ce qui avait donné l'idée de fabriquer la trop fameuse tiare de Tarsipharnès. Le vase

Fig. 56. — Casque du Tumulus de Kertsch, Crimée (Musée de Saint-Pétersbourg) [Petrograd].

d'or conique de Transcaucasie, collection de l'Ermitage, à Pétrograd, ressemble aussi à une tiare (*Fig.* 56).

D'autres casques sont plus élevés et presque coniques.

Casque d'*Oppeano, près Vérone* (2), au Musée archéologique de Florence ; c'est un cône évidé de 0m21 de hauteur et 0m25 de diamètre à la base; il est formé de deux lames de bronze réunies avec des rivets du même métal. Au sommet, il est surmonté d'un petit bouton ; à la base, il est limité par un bourrelet. Sa surface extérieure est ornée de zones de dessins géométriques et de figures d'animaux. Deux petites lamelles sont placées à l'intérieur, vis-à-vis l'une de l'autre, à 0m05 au-dessus de la base, comme pour fixer des jugulaires. M. Pigorini qui l'a décrit le premier, pense que cet objet est un casque ; dans tous les cas, cet objet est unique jusqu'à présent. Par son ornementation, on peut le rapprocher des vases noirs de Chiusi, des gravures de la situle de Bologne, de certains vases de Hallstatt, et de ceux de la nécropole d'Este, contemporains du Second Age du Fer. Ce casque gisait à un mètre de profondeur dans le sol;

(1) Prof. Kondakof, J. Tolstoi et S. Reinach. — *Antiquités de la Russie méridionale*, fig. 55, p. 48 et fig. 393, p. 449, Paris, Leroux, 1891.

(2) L. Pigorini. — *Oggetti della prima eta del ferro scoperte in Oppeana nel Veronese*. Ext. du Bulletino di paletnologia Italiana, 1876, 20 p. 2 pl. et *Matériaux*, 1878, t. XIII, p. 496 à 499, pl. 11, p. 556.

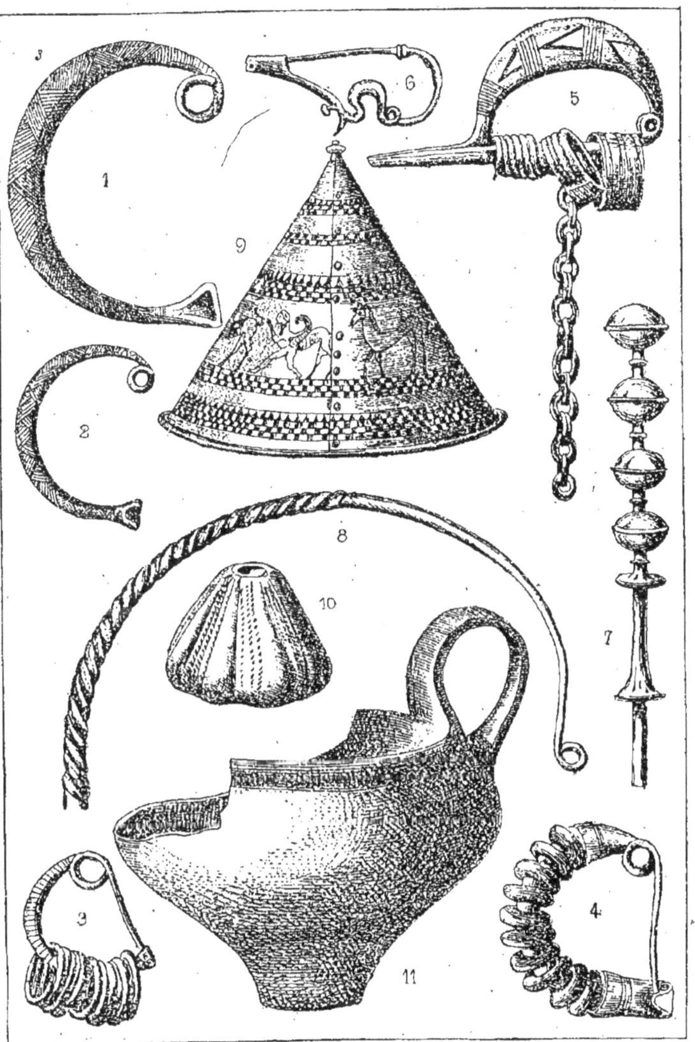

Fig. 57. — Casque et objets découverts à Oppeano, près Vérone (Musée de Florence).

tandis que les objets que nous reproduisons, fibules en arc de violon et à collerettes contemporaines de la fin de l'Age du Bronze (Larnaud, Mœringen), des terramares, et du Premier Age du Fer (surtout pour la fibule serpentiforme), se trouvaient à côté et seulement à 0^m10 ou 0^m15 de profondeur (*Fig*. 57).

Casque de *Beitsch en Lusace, près Pfordten* (Basse Bavière); au British museum; conique, oblong à bouton.

Casque du Musée d'*Agram, Croatie*; plus oblong, avec un bouton conique ; des guerriers sont reproduits sur le pourtour de base.

On peut intercaler entre ces casques, mais simplement à cause de la forme, celui de Corneto, que nous avons reproduit (*Fig*. 3).

Casque du trésor de *Hajdu-Boszormeny*, au Musée national de Budapest; conique et arrondi au sommet avec bouton rond, trous à la base.

Casque de *Endrod, Com. Békes*, au Musée de Bekés Gyula (Austro Hongrie), même forme, avec gravures au sommet.

Casque du *Musée de Berlin* (anc. col. Lipperheide); identique, mais légèrement plus allongé.

Casque de *Pestum*, 1805, au Musée national de Naples; conique, sans bouton, avec filet creux vers la base (*Fig*. 58).

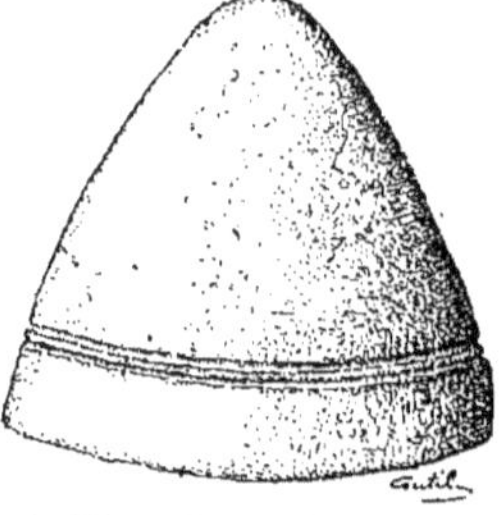

Fig. 58. — Casque de Pestum (Musée de Naples).

Casque de la *Nécropole de Pizzughi, en Dalmatie*, au Musée de Parenzo (Autriche), même forme; deux rangs de trous à rivets sur un des côtés.

Casque des *Collections de l'empereur d'Autriche*, à Vienne ; identique au précédent.

Casque de la *Collection de M. le Magistrat Zschille de Grossenhain* (Saxe); avec gorge vers la base, et tige rapportée au sommet.

Casque de la *Haute Égypte*, au Musée de Berlin ; identique.

Casque de la *Basilicate*, au Cabinet des Médailles ; identique, avec deux tenons au sommet.

Casque de *Dodone*, de la collection Carapanos, à Athènes ; semblable.

Casque du *Musée historique de Francfort* ; plus arrondi au sommet et avec couvre-nuque.

Casque du Musée de *Karlsruhe*, trouvé à *Canosa* (*Grande Grèce*) (*Fig*. 59) même forme, un peu plus allongée, rouelle sur le côté ; larges antennes plates (cornes ?) avec tige centrale terminée par une fourchette.

Casque du *Musée du Louvre ;* avec antennes plates (cornes ?), tige munie d'une fourchette s'appuyant sur un bouton cannelé ; la couronne de feuillages qui l'entoure est en or (*Fig.* 60).

Casque du *Musée de l'Ermitage*, à Saint Pétersbourg (Pétrograd) ; la tige supérieure est brisée, tête humaine sur le devant, avec deux plaques latérales rivées.

Casque du *Cabinet des Médailles à Paris* ; même forme conique que les précédents, avec un griffon dans un médaillon sur le devant, et un griffon en relief sur le sommet.

Casque du *British muséum de Londres* ; calotte plus arrondie au sommet, moins conique ; antennes (cornes ?) découpées d'un côté, terminées par des têtes d'oiseau, spirales opposées placées au sommet entre les antennes (*Fig.* 61).

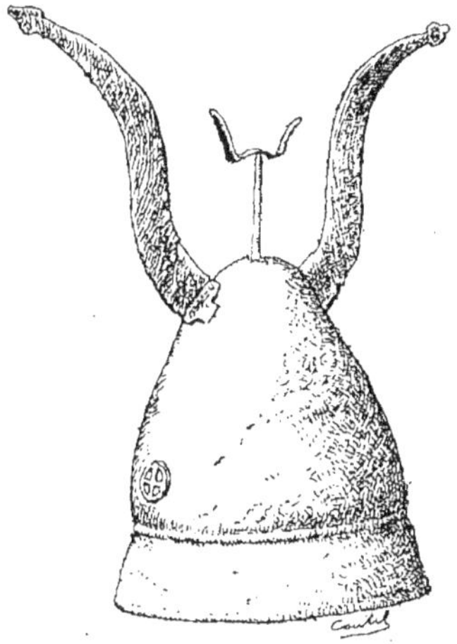

Fig. 59. — Casque de Canossa, Grande Grèce. Musée de Karlsruhe.

Pour terminer la description des formes coniques, il convient de mentionner d'autres casques coniques, de forme un peu Assyrienne, trouvés dans la région de la Marne, dans des sépultures Gauloises (500 à 300 av. J.-C.).

Casque de *Berru* (*Marne*), trouvé par Fourdrigner, dans une sépulture à char, reconstituée actuellement au Musée de Saint-Germain-en-Laye ; le sommet est orné d'un bouton formé de deux boules superposées ; la base porte des palmettes gravées, et un petit couvre-nuque (*Fig.* 62).

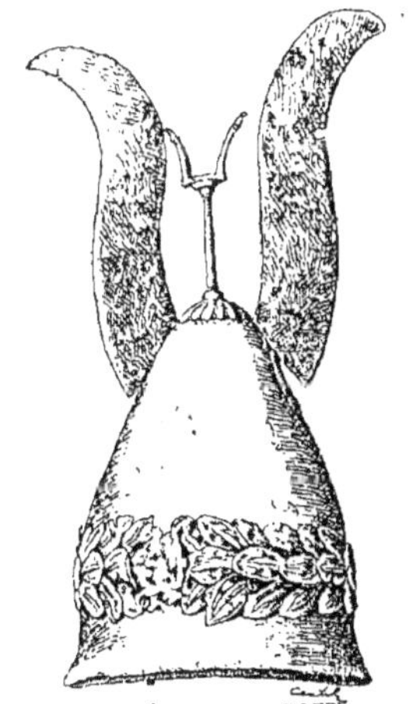

Fig. 60. — Casque du Musée du Louvre.

Casque de la *Gorge Meilet* (*Marne*) ; ce casque est encore plus effilé au sommet terminé par cinq perles plus ou moins renflées ; la

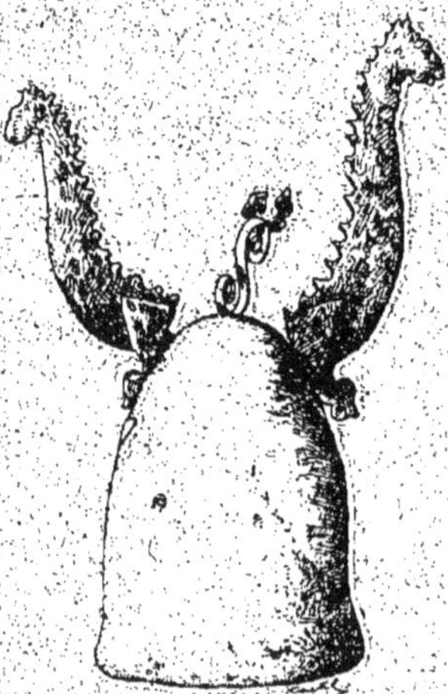

Fig. 61. — Casque du British (Museum de Londres).

Fig. 62. — Casque de Berru (Marne). Musée de Saint-Germain-en-Laye (Seine-et-Oise).

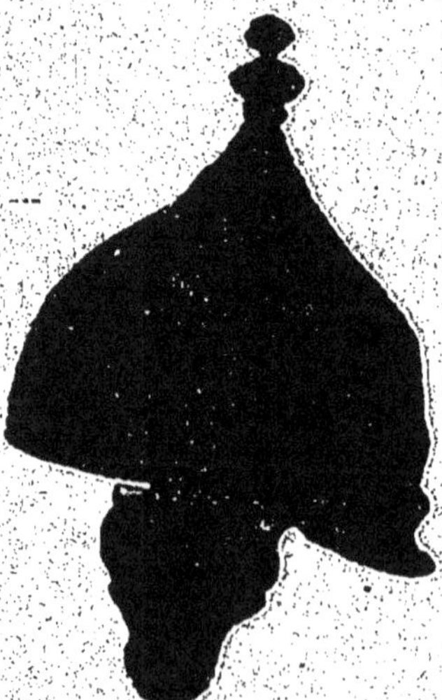

Fig. 63. — Casque de Giubiasco (Musée de Zurich).

Fig. 64. — Casque de la Province de Rome.

calotte est gravée ; la base ornée de quatre cocardes rehaussées de perles de corail rouge, et d'un couvre-nuque. Cette sépulture, découverte par Morel, de Reims, a été vendue au British museum de Londres.

Casque de *Cuperly* (Marne), découvert par Fourdrigner ; de même forme que celui de la Gorge Meilet, mais moins orné, avec 26 boutons de bronze à sa base, et au sommet un ornement en corail, il était en mauvais état, et on l'a reconstitué au Musée de Saint-Germain.

Casque de *Châlons-sur-Marne*, découvert en 1904, par M. Lemoine, qui l'a restauré ; diamètre 0m20 ; a la forme de celui de la Gorge Meilet ; il porte deux cocardes ornées, il se trouvait aussi dans une sépulture à char.

Casque en fer *Giubiasco* (Tessin Suisse) ; ce casque de fer est aussi gaulois ; il forme avec le casque suivant, une transition avec les casques étrusques en forme de casquette (*Fig.* 63).

Casque de la *province de Rome*, au Musée de Berlin ; il rentre dans la série des formes coniques, mais constitue la transition entre une autre série dite en forme de casquette de Jockey ; forme nettement Étrusque et qui a été retrouvée en Gaule dans des milieux Gallo-Romains contemporains de la conquête (*Fig.* 64).

Casque du *Musée de Saint-Germain-en-Laye*, de même forme, terminé aussi par des boutons, mais uni.

Casque du *Musée National de Budapest* ; de même forme, porte du côté de la visière, une couronnes de feuilles d'or, comme sur la *Fig.* 60.

Casques Etrusques.

Les inscriptions étrusques trouvées sur le bord de certains casques, généralement sur le couvre-nuque intérieur, prouvent qu'ils ont été portés, sinon fabriqués en Etrurie ; car on n'a pu encore établir s'il s'agit des noms de fabricants ou des propriétaires. La tombe *degli Stucchi* à *Caere* (Cervetri ou *degli Bassorilevi*, reproduit plusieurs fois la *forme en casquette de jockey*, avec couvre-nuque, au fronton de ses cases sépulcrales, ce qui prouve bien que ces casques sont Etrusques ; pour les autres attributs qui les entourent, on peut les dater de la fin du VIe ou plutôt du Ve siècle avant J.-C.

Le Casque de l'*ancienne collection Lipperheide, du Musée de Berlin*, ferme la transition entre les casques Ioniques et Attiques, et la série des casques Etrusques que nous allons décrire ; il est conique, le sommet de la bombe est un peu conique et muni d'un anneau, la base se rétrécit, forme une légère visière, il possède un couvre-nuque (*Fig.* 65).

Fig. 65. — Casque du Musée de Berlin (anc. collection Lipperheide).

Casque du Musée de *Karlsruhe* (N° 701), trouvé près d'Ancône ; identique de forme.

Casque de *Pérouse*, au Musée de Berlin ; identique et un peu plus élevé.

Casque trouvé dans la *province de Naples* ; au Musée d'artillerie de Paris ; sans anneau, avec une base et le couvre-nuque plus accusés.

Casque d'*Egnazia* ; au Musée National de Naples ; identique, avec ligne gravée sur le bandeau frontal.

Casque du *British Muséum de Londres* ; même forme, avec une couronne de feuilles et de fruits dorés, posée sur le milieu de la calotte.

Les casques qui précèdent sont privés de leur cocarde et des paragnatides ; ils ont des échancrures sur les oreilles, tandis que les casques suivants n'ont pas cette échancrure ; le sommet est terminé par un bouton, la plupart ont été trouvés en Etrurie.

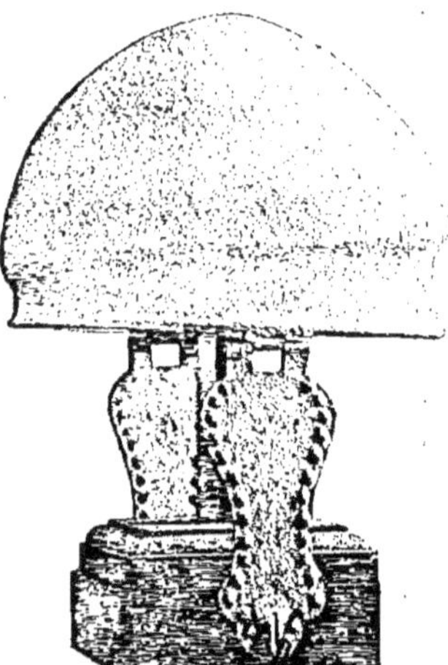

Fig. 66. — Casque du Musée de Florence.

Casque du *Musée de Florence* ; avec un bandeau assez large, il est muni de jugulaires ornées de perles estampées (*Fig.* 66).

Casque de la *Nécropole de Bologne* au Musée de cette ville ; le sommet terminé par un bouton orné d'oves et la bordure de raies obliques ; une couronne de feuilles d'or imbriquées l'entoure ; comme celui du British muséum, ci-dessus ; deux rivets retiennent les jugulaires échancrées sur le devant ; il fut trouvé près de la tête d'un squelette, ayant au bras gauche un bracelet de fer fragmenté, une lance, des fibules à arc et à bouton (diamètre du casque 0m215 sur 0m17) (1).

Casque de *Bologne* (via Garibaldi) ; au Musée de Bologne ; même forme, le bouton plus orné, ainsi que la bordure, surtout la jugulaire qui porte de fines gravures, composées de postes, de dents de scie et de pontillés ; un bouton en relief se trouve au bas de l'agrafe sous le menton ; et sous la nuque, sur le bord à l'intérieur, existe une inscription étrusque qui est une invocation, une signature du fabricant ou le nom du propriétaire (diamètre 0m21 sur 0m18.

Casque de *Bolsène* (province de Rome) ; au Musée de Bologne, avec inscription ; (diamètre 0m21 sur 18 à 0m20 de haut) (*Fig.* 67).

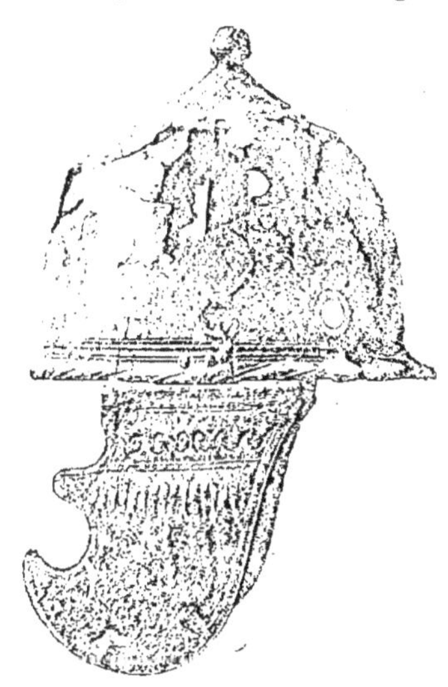
Fig. 67. — Casque de Bolsène (Musée de Bologne).

Le Casque de Bolsène du *Musée de l'Ermitage à Saint-Pétersbourg* (Pétrograd) ressemble absolument au précédent, ainsi que pour les dessins des jugulaires échancrées ; mais il n'y a pas de dents de scie sous les grecques ; sur le devant, sous le bouton du sommet, existe une cavité rectangulaire où l'on pourrait ajuster un ornement ; ce casque porte sur le devant de la calotte l'inscription ANIOV.

Casque trouvé pendant les *fouilles de M. Benacchi à Bologne* (*Musée de Bologne*) ; il est analogue aux précédents ; la calotte plus pointue est terminée par un bouton orné de cinq rangs de perles séparées et saillantes ; ce casque a une visière et non un couvre-nuque, comme celui d'Amfreville ; une inscription étrusque de trois mots est au centre et au bas de cette visière (2).

Casque de *Talamone*, au Musée de Florence ; avec jugulaires unies, mais échancrées, ce qui semble indiquer que l'appendice de la calotte serait une visière, si ces jugulaires sont bien à leur place primitive (*Fig.* 68).

(1) *Attie memorie della R. deputa.ione di stori e patria par le province di Bologna*, 1887, p. 474.
(2) GAZZADINI. — *Notizie et scavi*, 1881, p. 213-214.

Casque de la nécropole de *Montefortino, au Musée d'Ancône*; gravure identique à la *Figure* 66, avec un porte-aigrette sur le côté, pas de gravure.

Casque trouvé à *Talamone* en 1877, au Musée de Florence ; avec jugulaire triangulaire ornée de trois mascarons formés de deux cercles concentriques ; la calotte porte un couvre-nuque ; le sommet légèrement ovoïde est terminé par un bouton aplati (*Fig.* 69).

Casque de l'*ancienne collection Castellani* à Rome.

Casque d'*Orvieto*, au Musée de Florence ; analogue, la calotte porte un bord orné d'oves et le bouton du sommet est orné aussi

Fig. 68 et 69. — Casques de Talamone, Musée de Florence.

d'oves ; trois cercles ou boutons sur les jugulaires ; il était accompagné d'une cuirasse, d'un bouclier ciculaire et de deux cnémides (*tomba dei sette camini*, près Orvieto, début du IVe siècle).

Casque trouvé entre *Acquaviva et Montepulciano* (Italie), (anc col. Lipperheide, au Musée de Berlin) ; plus élevé de la calotte, et muni de jugulaires avec trois cercles et crochet à la base.

Casque de *Pietrabbondante*, au Musée de Naples ; les jugulaires échancrées d'un côté sont ornées par une figure de femme assise.

Casque trouvé en *Istrie* (anc. col. Lipperheide, au Musée de Berlin) ; même casque à bouton, avec jugulaires échancrées et unies.

Casque du *Marquis Patrici, à Rome* ; terminé par un bouton ; les bords gravés, les jugulaires échancrées.

Casque de *Rieti*, au Musée d'antiquités de Munich ; plus conique.

Casque d'*Apulie*, du Musée de Karlsruhe ; un peu plus conique, à jugulaires échancrées.

Six casques de *Cerae* (Cervetri) (anc. coll. Campana, au Musée du Louvre) ; l'un est muni d'une petite tête de lion sur une des faces ; bords gravés, jugulaires échancrées (*Fig.* 70).

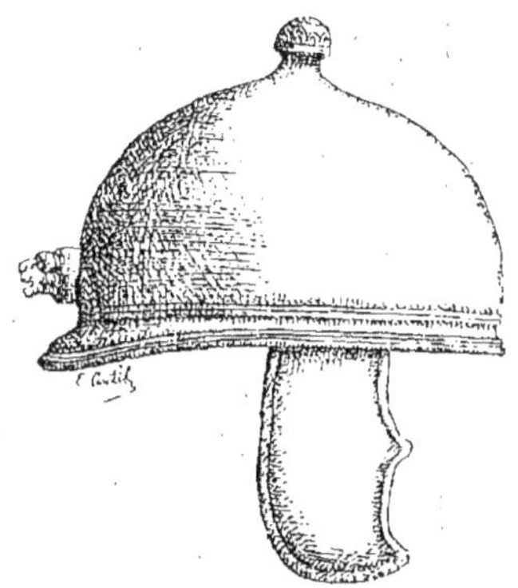

Fig. 70. — Casque de Cerac [Cervetri] (Musée du Louvre).

Casque d'*Ancône*, au Musée Papa Julia, à Rome.

Casque de *Montefortino*, province d'Ancône (Ombrie), près Arceciva.

Casque trouvé à *Pompéi*, au Musée de Naples ; tout uni.

Casque du British Museum de *Londres* ; avec les bords ornés.

Casque du Musée *Kircher, à Rome* ; à bords gravés ; sans jugulaires.

Deux casques du Musée Grégorien à *Rome* ; avec une inscription latine sur le bord du couvre-nuque. AVRELIVS.VICTORINVS.MIL.COH.XII.VRB.

Casque de *Manhein, dans un ancien bras du Rhin* ; au Musée de Karlsruhe ; avec bordure ornée.

Casque de *Kulpha, près Sissek* (*Croatie*, 1890) ; au Musée de Berlin (anc. col. Lipperheide) ; uni

Casque de *Kastebruth*, Sud du Tyrol.

Casque du *château de Rheinstein*, près Bingen ; à bouton, avec filets sur le bord.

Casque du *Musée de Berlin* (anc. col. Lipperheide) ; un peu plus élevé

Casque de *Lyon*, au Musée de Saint-Germain-en-Laye ; avec entrelacs gravés sur la base.

Casque trouvé à *Lyon* ; au Musée d'artillerie de Paris ; les bords très ornés, ainsi que le bouton du sommet ; la calotte très ronde.

Casque du *Cabinet des médailles de Paris* (anc. collection de Caylus) ; le bouton et les bords sont ornés et gravés.

Casque de la *nécropole Ibérique de Aguilar de Anguita* (province de Guadalajara) ; découvert par le Marquis de Cerralbo ; incomplet de la visière et du sommet.

Casque trouvé à *Alcaracejos* (province de Cordoue) ; à bords unis.

Casque trouvé à *Quintana Redonda, près de Villaricos* (province de Soria), en 1863 ; il porte une courte inscription étrusque (collect. de l'Académie royale d'hist. de Madrid) ; il contenait des monnaies ibériques.

A ces casques, il convient d'ajouter ceux qui ont été recueillis sur le territoire de la Gaule.

Casque de *Martres-de-Veyres* (Puy-de-Dôme) ; au Musée de Clermont-Ferrand ; avec les bords ornés (*Fig.* 71).

Casques de la Cité de *Limes*, près de Dieppe (Seine-Inférieure) ;

Fig. 71. — Casque de Martres-de-Veyres [Puy-de-Dôme] (Musée de Clermont-Ferrand).

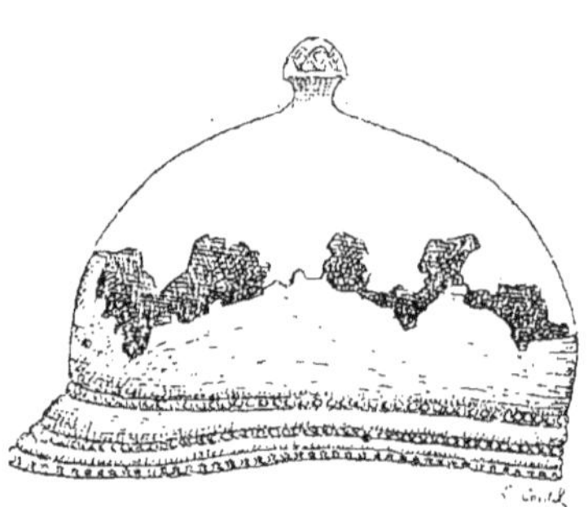

Fig. 72. — Casque de la Cité de Limes, près de Dieppe [Seine-Inférieure] (Musée de Dieppe).

Musée de Dieppe ; le sommet brisé, les bords ornés de perles (*Fig.* 72).

Casques de *Breuvannes*, canton de Clefmont (Haute-Marne), au Musée de Saint-Germain.

Casque de *Coolus* (Marne) ; provenant des dragages de la Seine, au British museum ; anc. col. Morel, de Reims.

Casque de *Vadenay, près de Suippes (Marne)* ; au Musée de Saint-Germain-en-Laye.

Casques surmontés d'armatures métalliques.

Une série des casques offrant les mêmes formes que nous venons d'énumérer porte des armatures métalliques, généralement en fer ; la plus nombreuse série se trouve au Musée d'Ancône.

Casque du Musée du Louvre, indiqué comme provenant des environs d'*Ancône*, et figurant depuis au moins 30 ans à ce musée, se relie certainement aux découvertes suivantes de Filottrano et Montefortino ; il est orné d'une armature de fer, comprenant cinq tiges, dont une est brisée (*Fig.* 73).

Le très beau casque de *Filottrano* (*Fig*. 74 et 75) a été découvert en 1913 ; le bord est orné de fines gravures en entrelacs, et le sommet porte une très haute armature de fer ; les jugulaires de bronze ont trois boutons en fer, sans doute émaillées jadis, ainsi que le bouton situé au-dessus de l'oreille, à la base du casque (Musée d'Ancône).

Casque du Musée de *Nuremberg* ; avec vestiges d'armature de fer.

Casques de la *Nécropole de Montefortino*, près d'Ancône ; au Musée

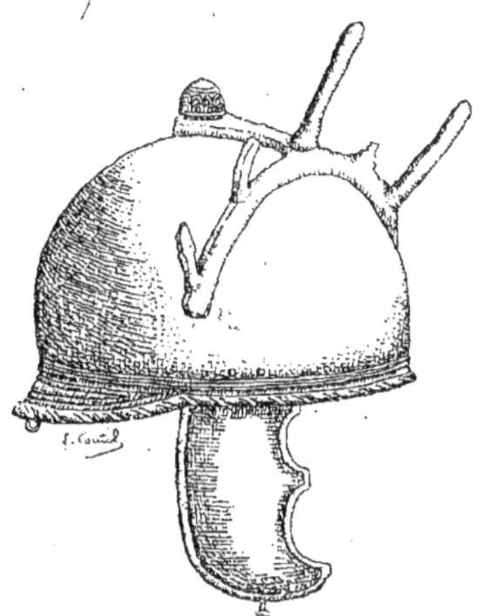

Fig. 73. — Casque des environs d'Ancône (Musée du Louvre).

d'Ancône, avec cinq casques de même forme, surmontés aussi d'armatures en fer, avec les trois cabochons des jugulaires en fer

Casque de la *bataille de Cannes* (216 av. J. C.), au Musée de Florence ; semblable aux précédents ; mais il est muni de deux très longues antennes plates en bronze (cornes ?), de 0m45 environ chacune de longueur, soit pour la largeur totale du casque 1m20, y compris les deux antennes (*Fig*. 76).

Casque du Musée de *Saint-Germain-en-Laye* ; avec deux ressorts en bronze sur les côtés et deux jugulaires ornées de cercles, comme celles de Talamone (*Fig*. 59).

Casques ornés de palmettes et de spirales.

Nous décrirons pour terminer, quelques casques encore plus ornés.

Casque trouvé *en Ombrie* (*Italie*), au Musée des antiquités de Berlin ; il est muni de jugulaires avec trois mascarons et palmettes ; la

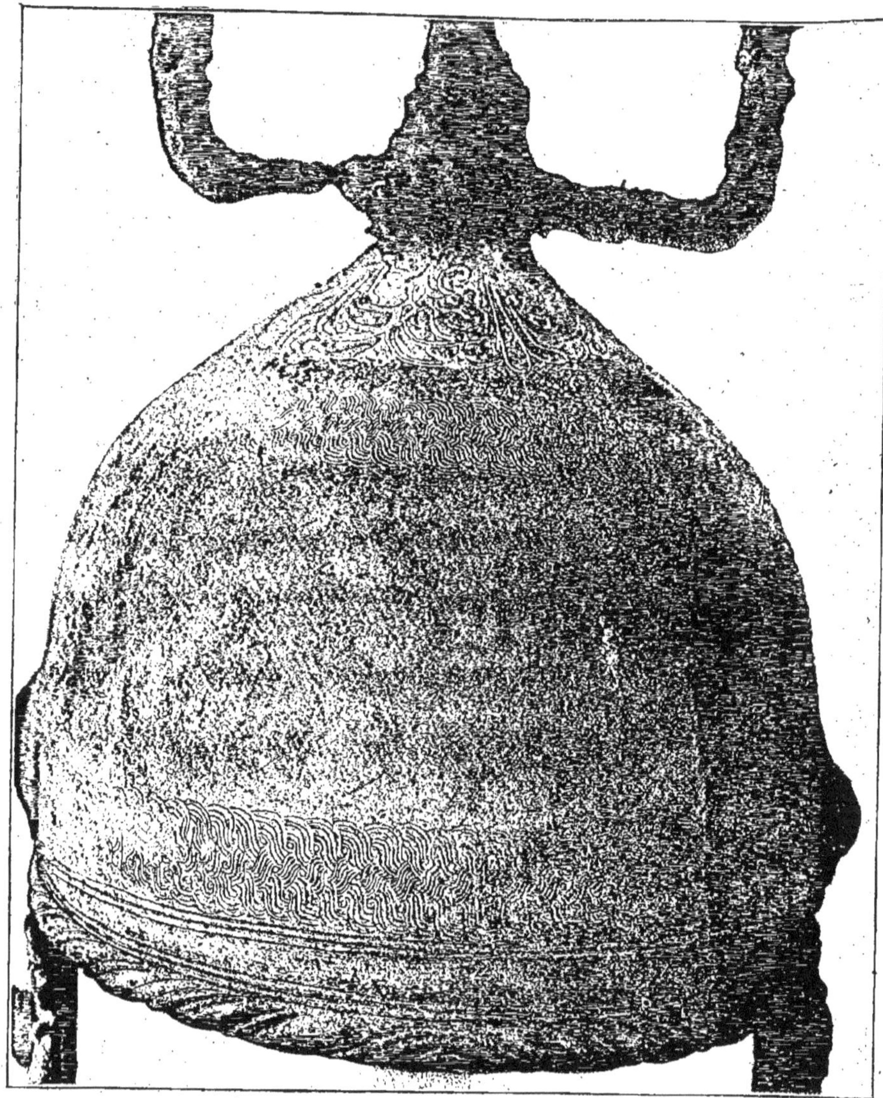

Fig. 74. — Casque de Filottrano, province d'Ancône (Musée d'Ancône). Fouilles de M. Dall Osso, Conservateur du Musée.

Fig. 75. — Casque de Filottrano, près d'Ancône (Musée d'Ancône).

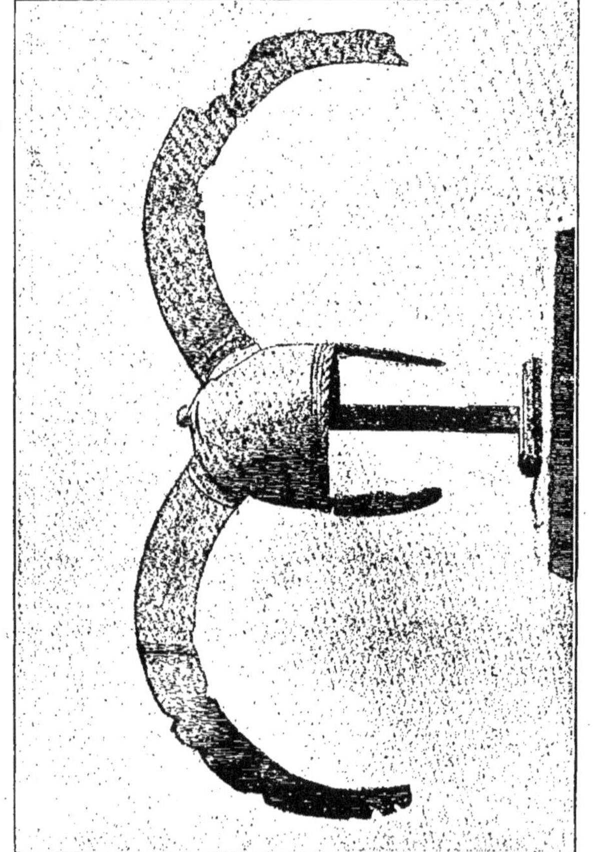

Fig. 76. — Casques de la bataille de Cannes [216 av. J.-C.] (Musée de Florence).

calotte porte aussi des palmettes; une petite figure humaine et une large frise entoure le sommet terminé en bouton (*Fig.* 77).

Casque de *Weisskirchen, près Unterkain,* au musée de Laibach

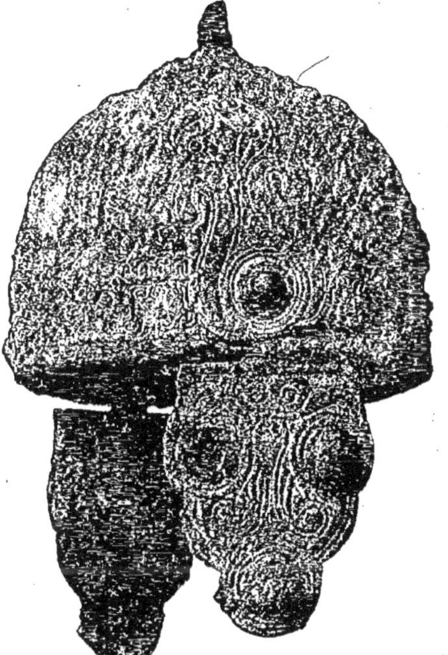

Fig. 77. — Casque trouvé en Ombrie [Italie] (Musée d'antiquités de Berlin).

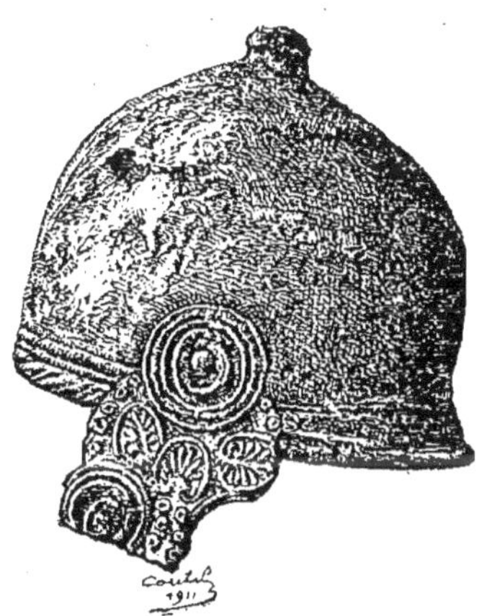

Fig. 78. — Casque de Weisskirchen, près Unterkain (Musée de Laibach).

(Autriche); la calotte est terminée par un bouton; au-dessous, décor rayonnant et chevrons; à la base, chevrons et nervures; une rosace avec cercles concentriques retient une jugulaire ornée aussi de rosaces et de palmettes dans les intervalles (*Fig.* 78). C'est certainement de ces deux casques que dérivent ceux de Tronoën-en-Saint-Jean-Trolimon et d'Amfreville-sous-les-Monts.

Casque de *Tronoën-en-Saint-Jean-Trolimon* (Finistère). Collection Du Chatellier, à Kernuz (Finistère); ce casque n'est pas complet; il n'existe qu'une portion du bouton supérieur de la calotte, et un tiers de celle-ci orné de rangées de cercles, de sortes d'*h* ou casques à haut cimier renversé, qui rappelle beaucoup le décor suivant; les deux tiers d'une des jugulaires est orné de trois cercles limités par un riche décor de lignes parallèles, dans l'intervalle desquelles se trouvent de petites rosaces (*Fig.* 79 et 80).

Casque d'or trouvé en 1841 à *Amfreville-sous-les-Monts* (Eure); au musée du Louvre; ce casque est composé d'une calotte de bronze,

Fig. 79. — Casque de Tronoën en Saint-Jean-Trolimon (Finistère). Collection Du Chatellier, à Kernuz.

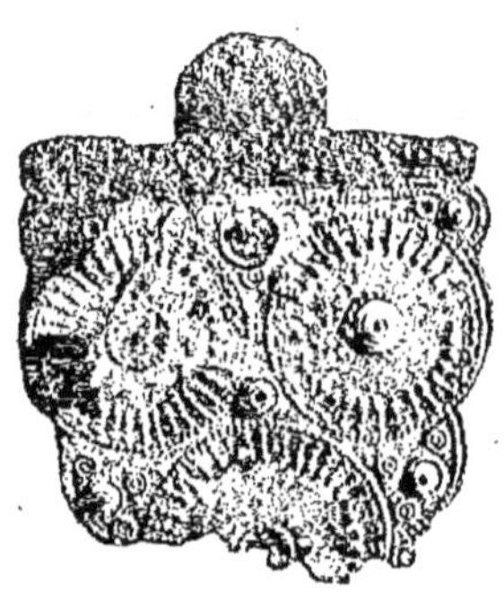

Fig. 80. — Jugulaire du Casque de Saint-Jean-Trolimon (Finistère).

Fig. 81. — Casque d'Amfreville-sous-les-Monts [Eure] (Musée du Louvre).

Fig. 82. — Phalère d'Auvers (Oise). Cabinet des Médailles, à Paris.

contre laquelle on a appliqué des émaux; sur la partie médiane, une feuille d'or battue qui s'applique sur une riche ornementation formée de zones de petits cercles et d'ornements en forme d'h ou de casques à haut cimier rabattu. Au-dessus des oreilles, on remarque dans la pâte de l'émail actuellement décoloré, de riches palmettes opposées. La visière est décorée d'ornements en S. La hauteur du casque est de $0^{m}17$, le diamètre intérieur longitudinal $0^{m}225$, et transversal $0^{m}16$, dans la partie occipitale, et $0^{m}155$ dans la partie frontale où il arrive même à $0^{m}135$; à cause de sa forme intérieure plus étroite à une extrémité, on doit admettre qu'il avait une visière et non un couvre-nuque (*Fig.* 81). La décoration de ce casque se retrouve sur de nombreux vases étrusques et gaulois, notamment sur la *bossette d'or d'Auvers* (*Oise*) (*Fig.* 82).

Les casques en forme de casquette de jockey sont très nombreux, et la réserve du musée de Florence possède à elle seule près de 200 casques, provenant du champ de bataille de Trasimène. Quant à tenter d'expliquer la présence en Gaule de ces sortes de casques, on peut admettre qu'ils ont été rapportés par les Gaulois, qui vers l'an 600, sous la conduite de Bellovèse, enlevèrent aux Etrusques la région comprise entre le Tessin et l'Adda ; ils fondèrent Mediolanum (Milan) ; d'autres invasions se succédèrent dans la Transpadane et la Cispadane ; en 521, ils envahirent les côtes de l'Adriatique, pillèrent à nouveau l'Etrurie et même la Campanie ; ils vainquirent les Romains à l'Allia, en 390 avant J.-C. ; ils étaient passés en Etrurie, à Clusium, qui se rendit et leur fournit de riches objets ; ils ont pu s'approvisionner aussi sur le champ de bataille de Trasimène en 217 ; à Cannes en 216, après les victoires d'Annibal, auquel ils s'étaient alliés.

Casques Gaulois en fer.

Par leur provenance et le milieu où ils se trouvaient au moment de leur découverte, il est permis de dater assez exactement une série de casques trouvés à *Alesia*, lors des fouilles de Napoléon III : ce qui donne comme date la plus rapprochée l'an 56 avant J.-C.

Les 9 casques de la nécropole de Montefortino forment la transition entre la série précédente et une autre, cette nécropole ayant donné des casques de même forme en bronze et en fer, ou des casques en bronze avec ornements en fer (Ier siècle av. J.-C.).

Casques en fer de la *nécropole gauloise de Montefortino, près Ancône*, au musée de cette ville ; ils étaient au nombre de neuf ; ils sont tous surmontés de tiges de fer, comme ceux de Filottrano (*Fig.* 73 et 74) ; les jugulaires sont ornées de trois cabochons en bronze avec clou en fer au milieu ; des cocardes de bronze ornent les côtés au-dessus des jugulaires ; des épées de fer repliées ont été trouvées à côté de ces casques, comme à côté du casque du Vaudreuil (Eure), ci-après.

Le Casque de *Notre-Dame-du-Vaudreuil* (*Eure*), est daté par les épées gauloises, toutes en fer, les vases et une monnaie de Tibère 4 à 37 avant J.-C. ; mais cette monnaie a pu être apportée après les incinérations gauloises, car celles-ci étaient presque à la surface du sol; il a été trouvé en 1868; il est au musée de Louviers (Eure). Ce casque a servi d'urne cinéraire (*Fig.* 93).

Casque en fer de *Giubiasco* (*Tessin-Suisse*), au musée de Zurich (tombe 32); ressemble au précédent; il était aussi accompagné à peu près des mêmes objets gaulois, du IIIe siècle avant J.-C. M. Viollier

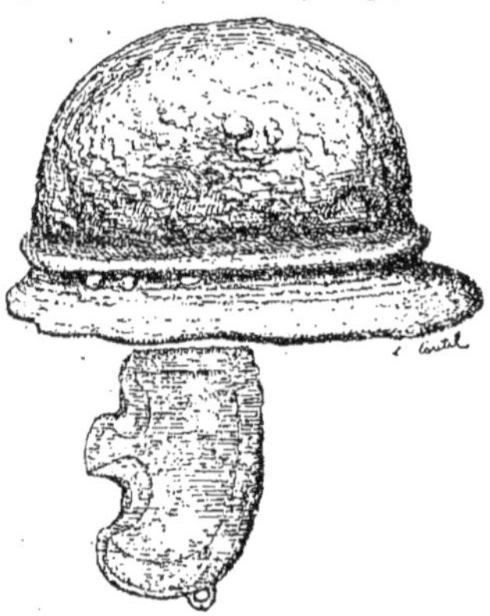

Fig 83. — Casque de Notre-Dame-du-Vaudreuil (Eure), Musée de Louviers (Eure).

Fig. 84. — Casque de Giubiasco (Tessin-Suisse).

dit que cette nécropole a servi du IVe siècle jusqu'au début de l'occupation romaine; on y remarque la persistance des formes Gauloises, malgré quelques monnaies des premiers empereurs : Auguste, Claude, Galba.

Casques en fer trouvés à *Alésia*, en 1860; au musée de Saint-Germain-en-Laye; ils sont munis de larges jugulaires contournées sur le devant pour ménager la place des yeux et de la bouche; ils sont identiques au casque du Vaudreuil (Eure) (*Fig.* 83) et de Giubiasco (Tessin) (*Fig.* 84).

Casque en fer du *Musée d'Agen* (*Lot-et-Garonne*), analogue aux précédents, mais surmonté d'une tige ornée d'une bague (*Fig.* 85).

Fig. 85. — Casque en fer du Musée d'Agen (Lot-et-Garonne).

Casque en fer du *Musée de Florence;* avec applications et incrustations de bronze.

Casques identiques d'*Idria, près Baca* (comté de Goritz), avec bossettes émaillées; de *Vini Vrh*, près *Margarethen (Carniole)*, avec couvre-joues ornés d'oiseaux émaillés.

Casques de Légionnaires Romains.

La dernière série de casques que nous étudierons n'est pas très homogène, les exemplaires de chaque forme étant peu nombreux.

Nous citerons tout d'abord quelques casques offrant un rapport avec certaines formes Attiques.

Casque d'*Herculanum*, n° 5748, au musée national de Naples; (*Fig.* 86).

Casque de *Pompéi*, au Musée de Naples.

Trois casques semblables au *Musée du Capitole, à Rome*.

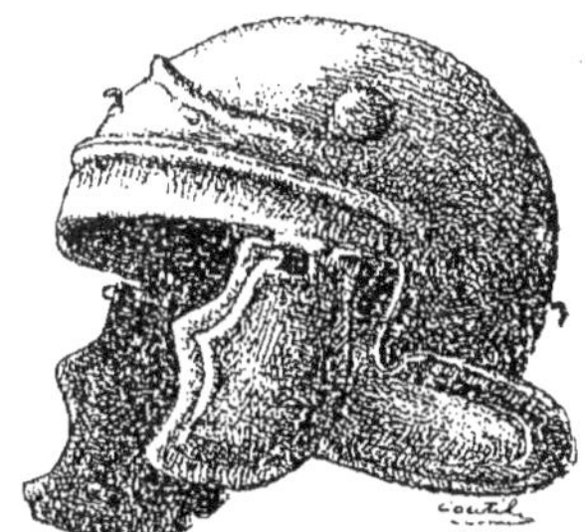

Fig. 86. — Casque d'Herculanum (Musée de Naples).

Casque trouvé près de *Schaan, dans la principauté de Liechteinstein*, 1887; Collection de M. Von Schwerzenbach, à Bregenz; sur la visière, l'inscription P. CAVIDIVS. FELIX. C. PETRONI; l'arc sourcillier disparaît pour laisser à la place une sorte de visière articulée; large jugulaire contournée: couvre-nuque plat.

Casque en fer d'*Ums, près de Kastelruth (Sud du Tyrol)*, au Musée Ferdinand à Inspruck; identique de forme, mais avec un couvre-nuque descendant sur les épaules.

Casque en fer de la *Collection de M. C. Hollitzer, à Vienne*; avec large couvre-nuque et cornes simulées au-dessous de la visière.

Casque trouvé près *d'Hitcham Gavel*; *au British Museum* de Londres; les oreilles sont simulées en relief sur les jugulaires, la visière est ornée de points estampés; large couvre-nuque orné de gros cabochons; bronze doré, sauf la calotte qui est en fer.

Fig. 87. — Casque trouvé dans le Rhin, au-dessous de Mayence (Musée Paulus, à Worms).

Casque en bronze et fer, trouvé *dans le Rhin, au-dessus de Mayence*; au Musée Paulus, à *Worms*; sur la calotte se détachent en avant, deux grandes arcades sourcillères formant une sorte d'Y ; une tige arquée mobile est fixée sur les tempes ; deux petites cocardes ornent les bords de chaque côté, et au-dessus, sur le devant, de larges jugulaires échancrées ; un anneau est fixé à l'arrière du large couvre-nuque (*Fig.* 87).

Casque de *même provenance*, même musée ; en bronze, anneau au couvre-nuque, petits édicules gravés sur les jugulaires ; tige mobile sur le front.

Casque de *Heddernheim* Hesse-Nassau ; au Musée historique de Francfort ; il a perdu ses jugulaires et sa tige courbe articulée.

Casque du *fort de Osterburken, grand duché de Bade* ; au Musée d'antiquités de Mannheim ; sans jugulaires ; avec une visière (décrit et reproduit par Wagner, p. 436, *Fig.* 33).

Casque de *Heddernheim*, Hesse-Nassau ; au Musée historique de Francfort; avec visière articulée; grandes et larges jugulaires, et armature s'entrecroisant au sommet.

Casque de *Heddernheim* ; au Musée de Francfort ; haut cimier ; les joues et le front protégés par une enveloppe métallique ornée de mèches frisées.

Casque du *Musée de Nuremberg*; incomplet du protège-joues.

Casque du *Château du Bas-Nider*, collection du prince de Wied, à Neuwied (province Rhénane-Allemagne); analogue, sans visière.

Casque du *Musée du Grand Duché de Hesse, à Darmstadt*; analogue, avec visière mobile.

Casque de *Eisernes Thor (Portes de Fer), à Donau*; collections historiques Delahaye, à Vienne (Autriche); ce casque ressemble au précédent, il est un peu plus bas, mais il lui manque les protèges-joues.

Casque de *Rischester* (près Lancastre), au British museum ; avec masque représentant une très belle tête humaine; c'est un des plus remarquables casques antiques.

Casque trouvé dans la Saône, à *Châlon*, collection Milon, à Dijon ; orné de serpents.

Casque du *Musée de Florence*; sans jugulaires, avec sa visière articulée et l'armature en croix, au centre (bronze).

Casque de *Grimidi, près Aumale (Algérie)*, au Musée d'Alger; avec tige articulée, sans jugulaires ; bronze.

Casque d'*Herculanum, au Musée de Naples;* orné de trophées et de guerriers.

Casque en fer de *Kulpa près Sissek*, de la collection Sulzer à Vienne ; larges arcades sourcillères très incurvées, et couvre-nuque accusé ; les jugulaires manquent (*Fig.* 88).

Casque en fer de *Zihl, vers le port de Nidau (Suisse)*; au Musée de Zurich ; le couvre-nuque est moins large, arcades sourcillères droites ; le couvre-nuque ondulé et formant quatre raies en relief ? deux rivets pour fixer les jugulaire qui manquent.

Casque de *Vié-Ciontal* (*Gard*) ; ancienne collection Emilien Dumas, à Sommières, près Nîmes ; semblable au précédent, mais le couvre-nuque est brisé.

Casque trouvé dans les ruines des arènes de *Vesontio (Besançon)* ; au Musée de Besançon ; il doit remonter à l'incendie de la ville par

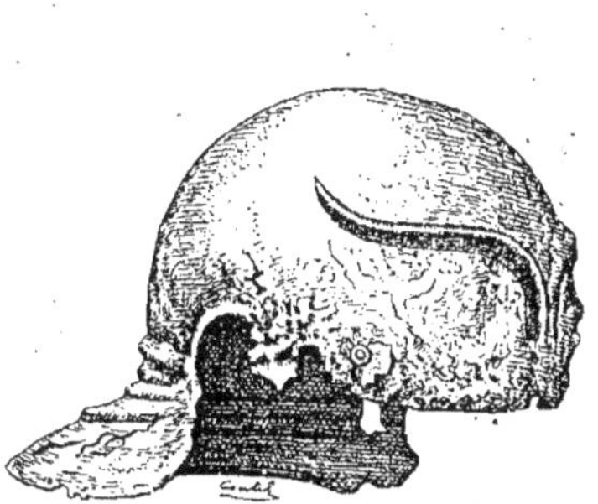

Fig. 88. — Casque de légionnaire romain, trouvé aux environs de Kulpa, près Sissek (Autriche).

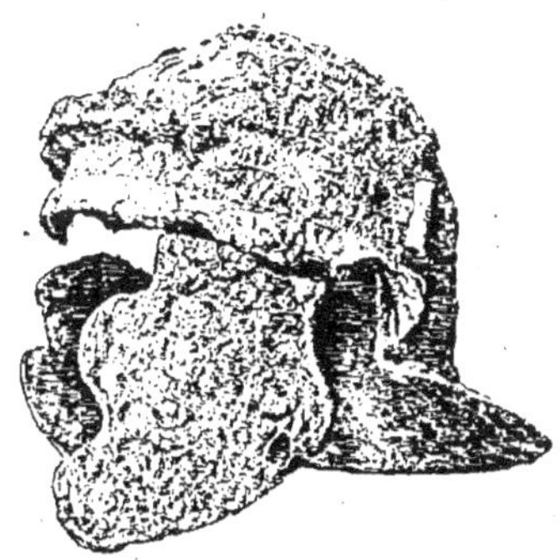

Fig. 89. — Casque de légionnaire, trouvé à Vesontio (Besançon).

les Barbares, vers 300 à 350 avant J.-C. ; il est en fer plaqué d'argent ; il porte sur la calotte, en avant, un couvre-nuque mobile (actuellement oxydé) ; un tube pour placer une aigrette verticale ;

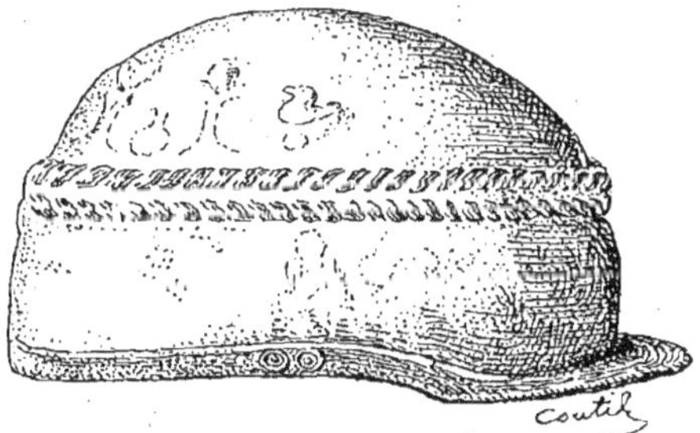

Fig. 90. — Casque de Pompei.

un couvre-nuque très saillant, et de très larges jugulaires échancrées sur le devant (*Fig.* 89).

Quelques casques romains sont fort simples, ils se composent d'une calotte hémisphérique, avec ou sans bouton supérieur, avec couvre-nuque plat assez long, et trous ayant servi à retenir des jugulaires : ces casques présentent une forme un peu indécise et pourraient être classés dans la série des casques Etrusques en forme de casquette de jockey.

Casque trouvé dans le *Comté d'Hetford* ; au British museum ; bronze ; avec bouton au sommet.

Casque trouve près de *Cologne* ; au Musée de Worms ; bronze ; sans bouton.

Casque de *Pompéi* ; au Musée National de Naples, n° 5677 ; gravure sur tout le tour de la calotte, représentant une sorte de couronne ou torsade (*Fig.* 90).

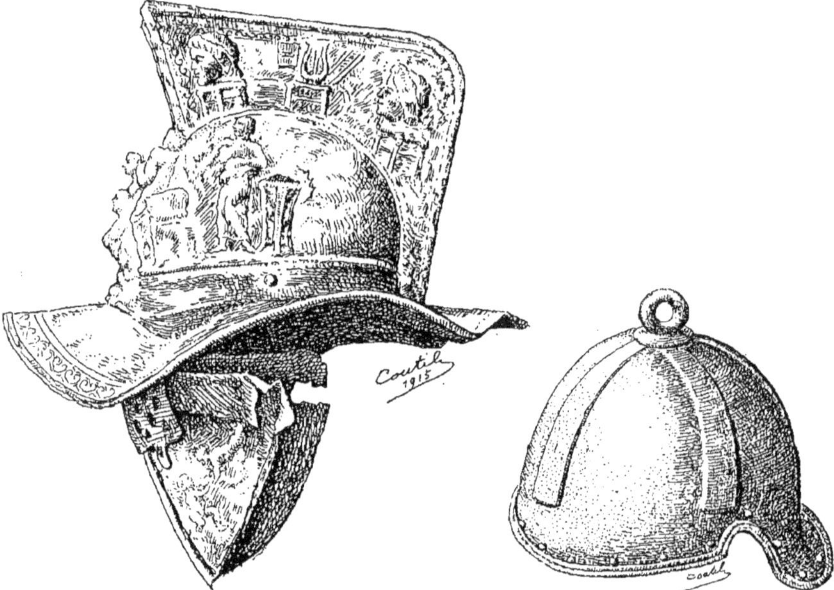

Fig. 91. — Casque de Gladiateur romain, trouvé à Pompéi (Musée de Naples).

Fig. 92. — Casque de Jard (Vendée). [Collection R. de Rochebrune].

Casque de l'*Arsenal de Berlin* ; bronze, uni.

Casque du *British museum de Londres* ; long couvre-nuque plat ; bouton pour jugulaires, calotte un peu conique,

Nous ne décrirons pas les casques romains dont la forme est bien connue, tels que le casque de Jard (V.), conservé à Saint-Cyr-en-Talmondais (V.) (*Fig.* 92), formé d'une calotte, avec léger couvre-nuque et quatre bandes se croisant sur le sommet, ayant un anneau à leur intersection.

Nous pourrions aussi mentionner les dix très beaux casques de gladiateurs, du Musée de Naples, provenant d'Herculanum et de Pompéi, avec de très grands cimiers ou de larges visières abritant les parties ajourées ou perforées des yeux. Ces casques étaient aussi en usage au 1er siècle avant avant J.-C. (*Fig.* 91).

Nous avons donné des descriptions sommaires sur ces casques, pour ne pas abuser de la place qui nous a été offerte dans les *Mémoires de la Société Préhistorique française*. Nous renvoyons, pour de plus amples descriptions, à nos quatre études *publiées précédemment* sur les *Casques*. Quant à la bibliographie et à l'interprétation des textes concernant les casques, nous conseillons de lire l'article très documenté « *GALEA* », publié par M. S. Reinach, dans le *Dictionnaire des Antiquités grecques et romaines* de MM. Saglio et Pottier ; quoique remontant à 1895, cette notice fait encore autorité.

ADDENDA

Nous avons oublié de signaler un casque à cornes qui forme un groupe distinct; car, à propos des casques à antennes, nous n'avons pas cru possible de former une série spéciale, puisque les antennes ou cornes surmontent des casques Corinthiens, Ioniques, Etrusques, Gaulois et Romains. L'arc d'Orange, le Monument des Jules à Saint-Rémy, le bas-relief de la Brague, près d'Antibes, un autre du Musée du Vatican, nous montrent des casques Gaulois ornés de grandes cornes proéminentes.

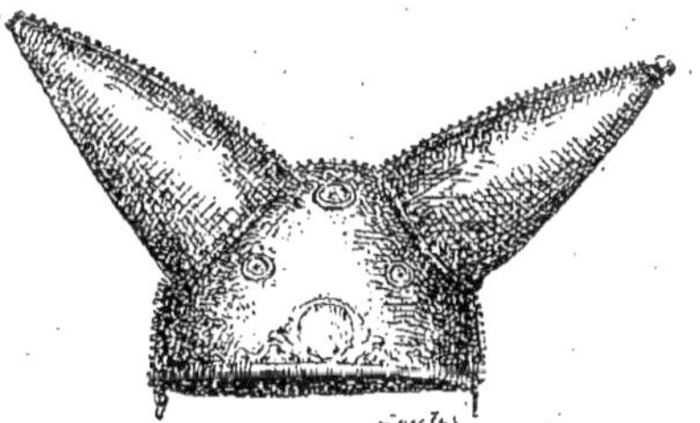

Fig. 93. — Casque trouvé dans la Tamise, près du pont de Waterloo, à Londres.

Pour terminer ce travail nous indiquerons le casque trouvé *dans la Tamise, près du pont de Waterloo, à Londres, en 1868,* composé de plusieurs feuilles de bronze martelé et rivées formant une calotte hémisphérique ornée de chaque côté d'une corne tronconique divergente; sur le devant, trois bossettes en triangle sont légèrement bombées et gravées ; l'une d'elles porte des traces d'émail (*Fig.* 93).

www.ingramcontent.com/pod-product-compliance
Lightning Source LLC
LaVergne TN
LVHW010038230826
846091LV00005B/1763

* 9 7 8 2 0 1 9 9 2 0 3 7 1 *